姫路城の「真実」

播磨学研究所◉編

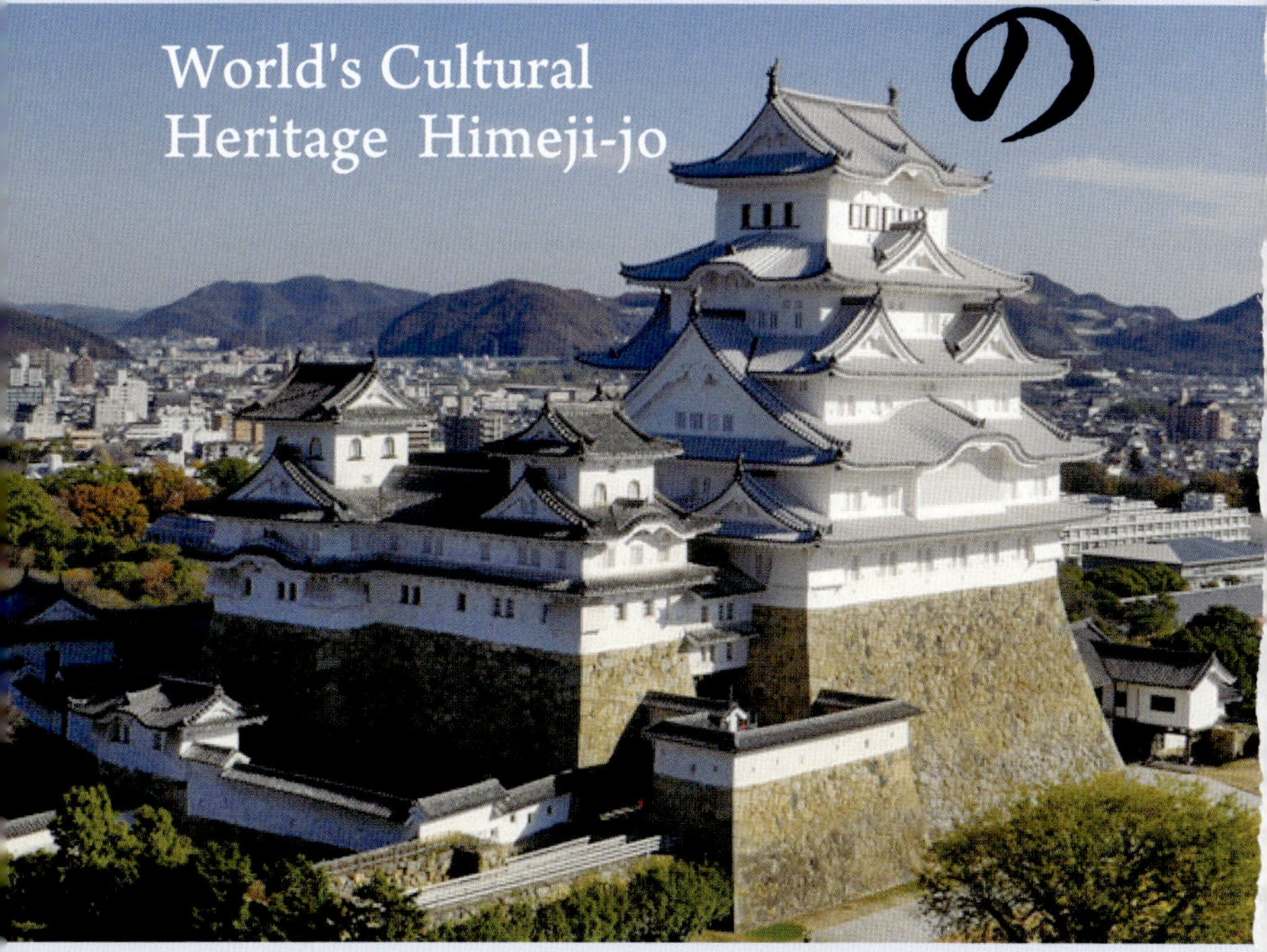

映像提供：姫路フィルムコミッション

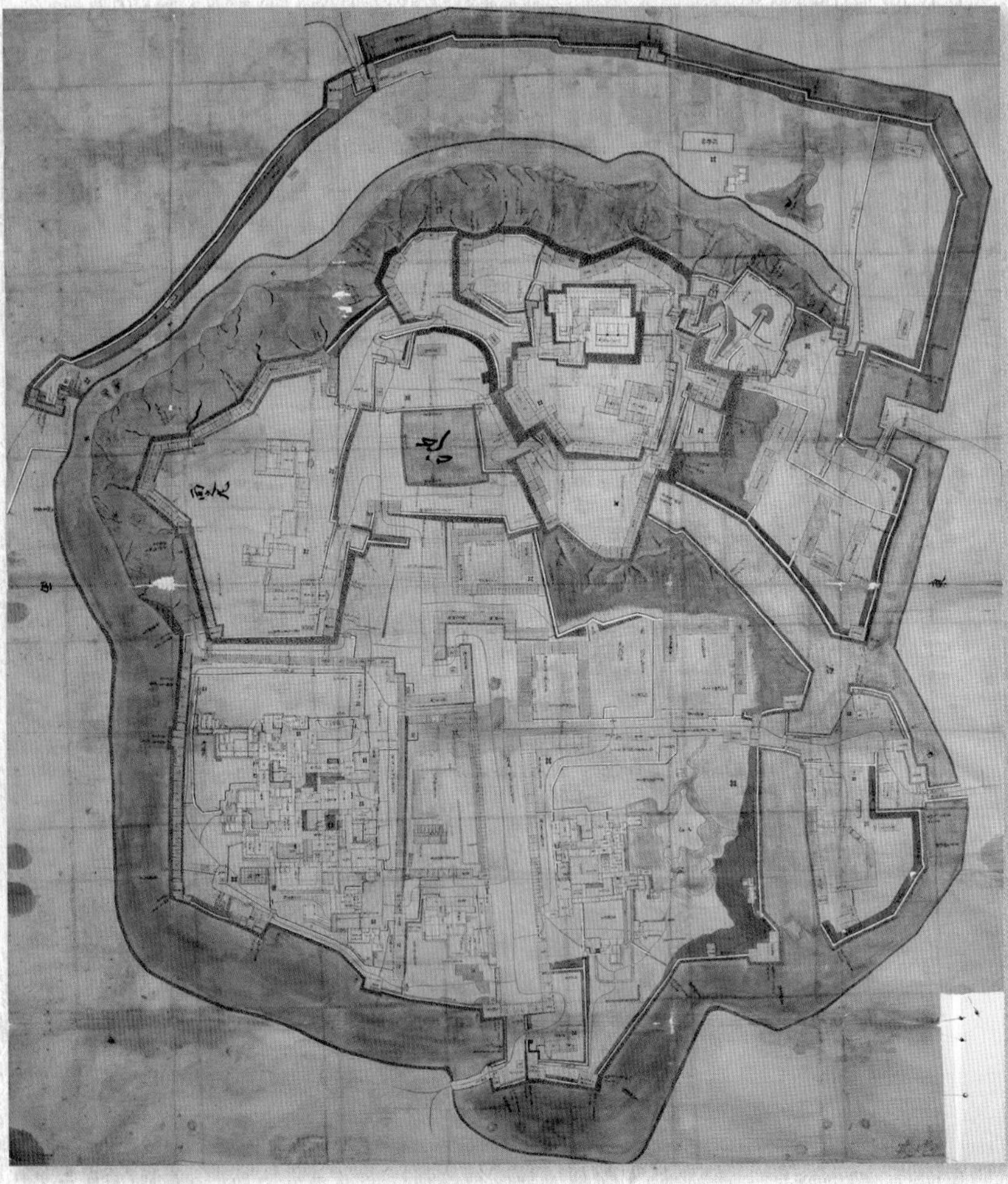

播州姫路城図（中根忠之氏蔵）

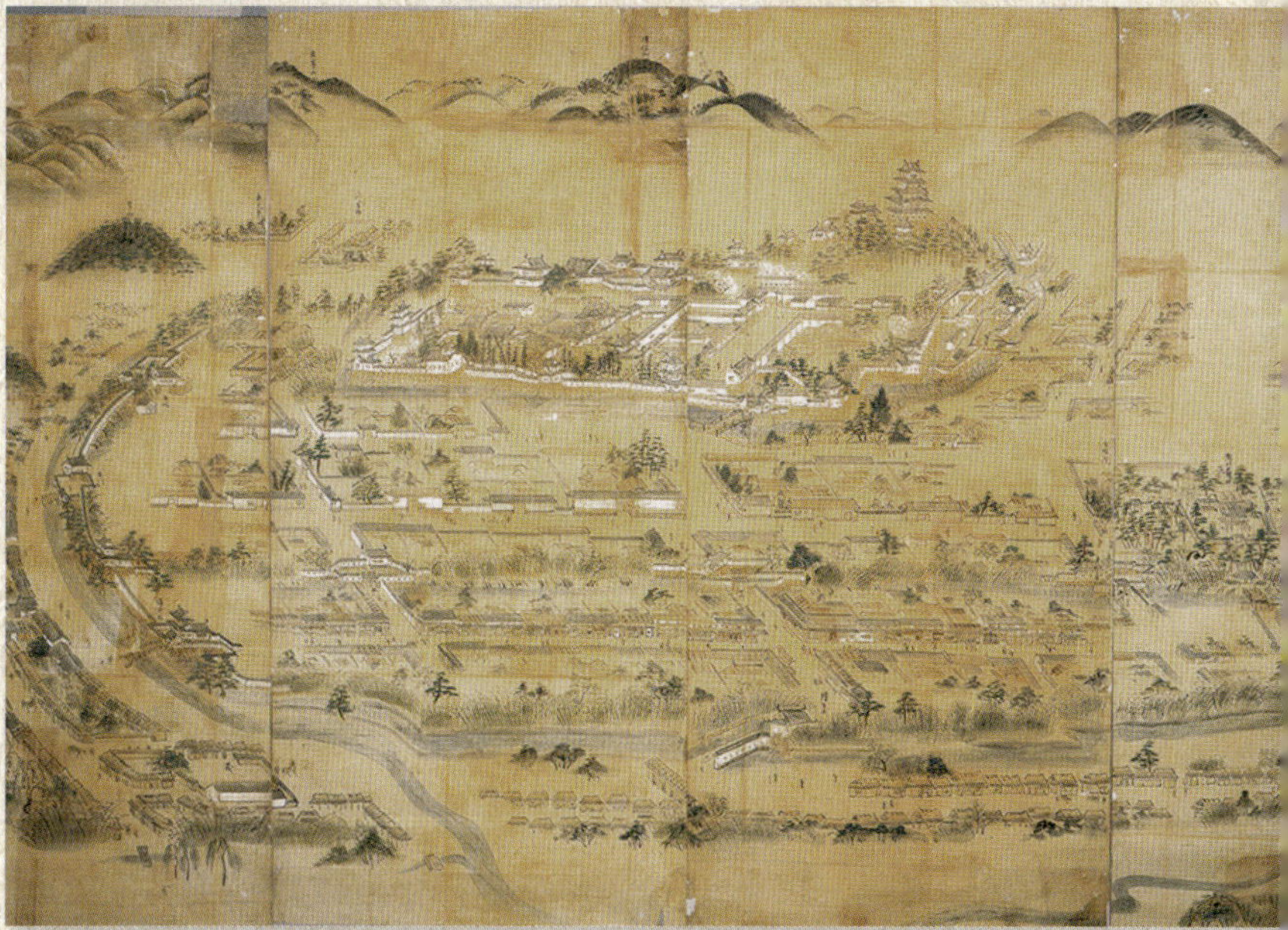

姫路城図屏風（大谷恵一氏蔵）

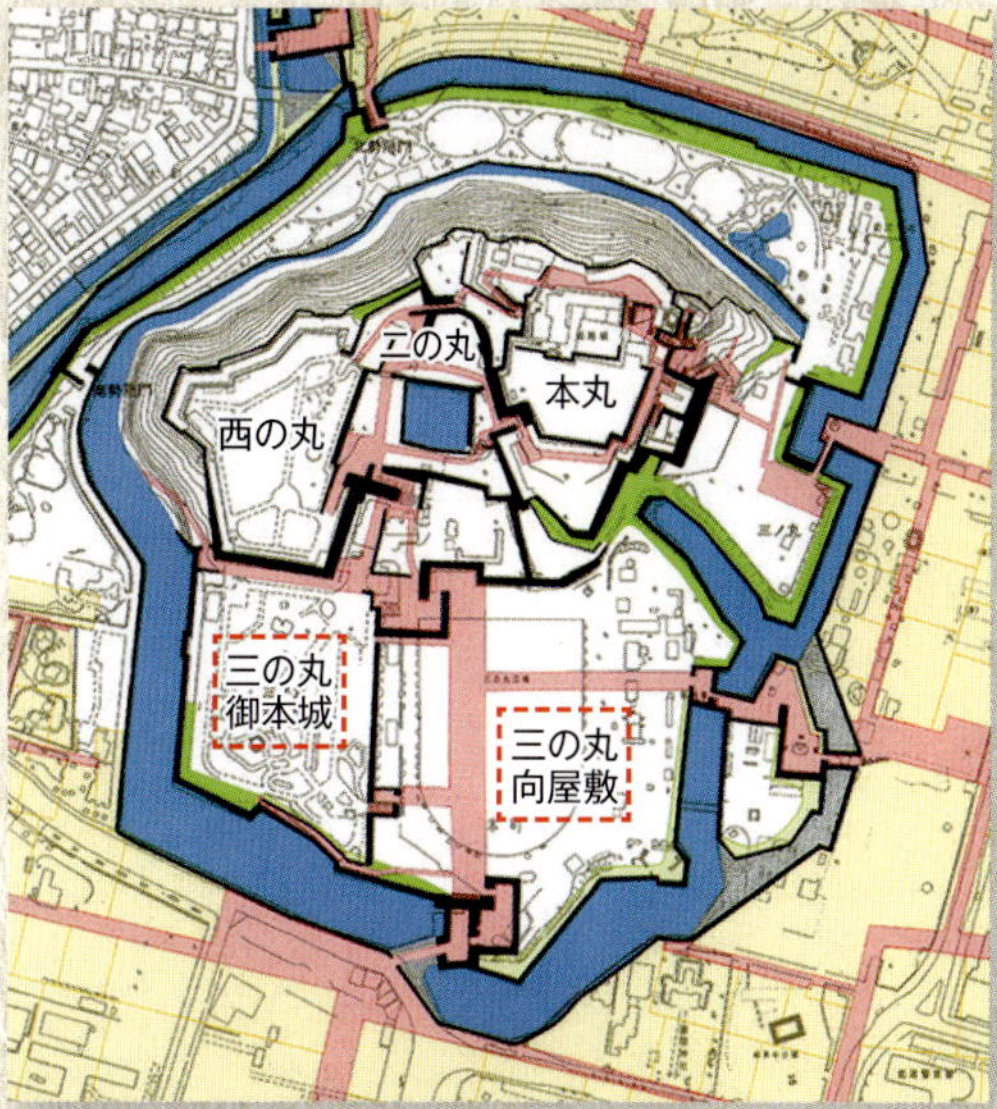

姫路城内曲輪図

復元CGでよみがえる
姫路城三の丸と城下の景観

三の丸御本城　鶴ノ間上の間　北面の障壁画復元図

鶴ノ間上の間（北西を見る　床・付書院）

鶴ノ間下の間（北面　床）

CG制作：福井工業大学FUT福井城郭研究所・多米淑人
障壁画作画：川面美術研究所

三の丸御本城　虎ノ間（南東隅から北西を見る）

三の丸御本城　小書院

CG制作：(株)キャドセンター
障壁画作画：川面美術研究所

三の丸向屋敷
唐笠間（北東隅を見る）

唐笠間（心柱を見上げる）

CG制作：
福井工業大学FUT
福井城郭研究所・多米淑人

三の丸向屋敷庭園を中心とした推定鳥瞰復元図

復元スケッチ制作：三谷景一郎

向屋敷庭園　東からの鳥瞰

向屋敷庭園　州浜から天守を望む

CG制作：(株)キャドセンター

備前門（外側から見る）

武家屋敷（庭から姫路城を見る）

暖簾のある町屋の景観

CG制作：兵庫県立大学 安枝研究室

◇目次

＊本書は播磨学特別講座「姫路城の『真実』—その原風景を求めて」
（２０１８年４月～12月）をもとに構成したものです。

世界遺産のいま

稲葉 信子

私が世界遺産の仕事に関わるようになったのは、一九九一年に文化庁に入ったことがきっかけです。その一年後の一九九二年、日本は世界遺産条約を批准しますが、その批准の準備と、日本政府が初めて出す法隆寺と姫路城の推薦書作成のチームに入って仕事をすることになりました。兵庫県と姫路市、そして文化庁とで、初めてのことですので一体何を書いたらいいのか頭をひねりながら、推薦書をつくって出すことになりました。

それ以来、国際的な仕事をするようになって、東京文化財研究所の文化遺産国際協力センターを経て、二〇〇八年に大学に異動しました。毎年一回開かれる世界遺産委員会にほぼ欠かさず出席し、出ている専門家のなかでも最長老になってきています。ということで今日は、私が出席するようになって二十五年間、世界遺産委員会というものがどういうことを考えながら、世界遺産の登録、保全を進めてきたのか、そして現在どのようにして世界遺産が審査されて選ばれていくのか、その問題点を含めて、お話をしようと思います。

◇――世界遺産はどうやって選ばれるのか

「世界遺産は誰が決めているの」とよく聞かれます。毎年一回、世界のどこかで、世界遺産委員会が開かれて、世界遺産登録を審査します。二〇一七年はポーランドで開かれました。二〇一八年は六月二十四日からバーレーンで開かれます。姫路城が世界遺産になった年、一九九三年には出席者は二百人を超えていなかったと思います。各国政府代表やＮＧＯ、我々のような世界遺産の仕事をしている専門家が参加するのですが、今や一千人を超えています。わずか二十五年のあいだに二百人から一千人へと出席者が増えた、それだけ世界遺産条約が世界のなかで注目を浴びるようになったということになります。それはいいことなのか悪いことなのか。「観光のためじゃないか」とか「地域おこしのためじゃないか」ということをよく聞きます、そういうものが絶対駄目だと言っているわけではありません。世界遺産が有名になるということは、昔はあまり注目されなかった文化遺産や自然遺産に、多くの人に注目していただく大事な機会になるわけですから。世界遺産の質を落とさずに、しかし皆さんに注目していただくためにはどうしたらいいかということを考え続けています。

世界遺産委員会で決定権を持つのは、二十一カ国の国です。その二十一の委員国は、毎年全部入れ替わるのではなく、三分の一ずつ改選されます。ということで、一つの国について六年間任期がありますが、四年間で任期を終えることにしています。委員国になれば世界遺産を選ぶという責任が生まれ、考えていただける大事な機会になるものですから、なるべくたくさんの国の人に参加していただきたいということです。

揉めれば投票になります。議長はだいたいホスト国が出します。書記が記録を取ります。昔は二十一の委員国の代表とそれ以外はわずかで委員会が済んでいたのですが、今やその後ろに委員国ではないオブザーバー国の席がずらっと並びます。現在、世界遺産条約の加盟国は、百九十カ国を超えています。国連の加盟国とそんなに変わりません。あと数カ国加盟して、国連の加盟国すべてが世界遺産条約に加盟すれば、そのとき初めて世界遺産条約が真に国際条約になったといえると思いますが、そんな年が早く来ればいいと皆が考えています。

スライドを映して、専門家が説明します。これから新しく世界遺産にしようとするものを審査する場合と、もう一つ、すでに世界遺産になっているものの保全状態の審査もいたします。だから、世界遺産になったらもうそれで終わりというわけではありません。世界遺産条約がほかの条約や制度と違うところは、その世界遺産としての価値が維持されているかどうかを常に審査しているところです。

まずは専門家が下調査をいたします。その下調査の様子を聞きながら、二十一の委員国が最終決定を行なうことになっています。国際条約である世界遺産は、加盟するのは各国政府であり、そこが最終的な決定権を持っており、その合議で決めることになります。

二〇一七年の会議では、文化遺産十八件、自然遺産三件が新規登録されました。自然遺産と文化遺産の両方の価値が合体している複合遺産は〇件でした。何をもって自然遺産と文化遺産が合体しているのか。世界遺産委員会では、この自然と文化の価値の統合、要するに両方を一緒に考えるということを、大事なテーマだと考えて進めています。この年、日本からは沖ノ島が登録されました。

◇――さまざまな世界遺産登録

世界遺産登録基準

（ⅰ）人間の創造的才能を表す傑作である。**例：姫路城、タージ・マハル（インド）**

（ⅱ）ある期間、あるいは世界のある文化圏において、建築物、技術、記念碑、都市計画、景観設計の発展における人類の価値の重要な交流を示していること。**例：黄山（中国）**

（ⅲ）現存する、あるいはすでに消滅した文化的伝統や文明に関する独特な、あるいは稀な証拠を示していること。**例：ドゴン人の地（マリ）**

（ⅳ）人類の歴史の重要な段階を物語る建築様式、あるいは建築的または技術的な集合体または景観に関する優れた見本であること。**例：姫路城、フェルクリンゲン製鉄所（ドイツ）**

（ⅴ）ある文化（または複数の文化）を特徴づけるような人類の伝統的集落や土地・海洋利用、あるいは人類と環境の相互作用を示す優れた例であること。特に抗しきれない歴史の流れによってその存続が危うくなっている場合。**例：棚田（フィリピンほか）、ぶどう畑（フラン**

スほか）、テキーラの畑（メキシコ）、たばこ畑（キューバ）、コーヒー畑（コロンビア）

（vi）顕著で普遍的な価値をもつ出来事、生きた伝統、思想、信仰、芸術的作品、あるいは文学的作品と直接または明白な関連があること（ただし、この基準は他の基準とあわせて用いられることが望ましい）。**例：ヴァロンゴ埠頭の考古遺跡（ブラジル）、ゴレ島（セネガル）、アウシュビッツ（ポーランド）、原爆ドーム、ロベン島（南アフリカ）、ウルル‐カタ・ジュタ国立公園（オーストラリア）、紀伊山地の霊場と参詣道**

（vii）類例を見ない自然美および美的要素をもつ優れた自然現象、あるいは地域を含むこと。

（viii）生命進化の記録、地形形成において進行しつつある重要な地学的過程、あるいは重要な地質学的、自然地理学的特徴を含む、地球の歴史の主要な段階を代表する顕著な例であること。

（ix）陸上、淡水域、沿岸および海洋の生態系、動植物群集の進化や発展において、進行しつつある重要な生態学的・生物学的過程を代表する顕著な例であること。

（x）学術上、あるいは保全上の観点から見て、顕著で普遍的な価値をもつ、絶滅のおそれがある種を含む、生物の多様性の野生状態における保全にとって、もっとも重要な自然の生息地を含むこと。

二〇一七年に世界遺産になったものでおもしろいものとして、ブラジルのヴァロンゴ埠頭の考古遺跡があります。物理的には、都会のなかにわずかに残るものでしかありません。なぜこれが世界遺産なのか。それも、世界遺産のなかでも非常に特殊な価値基準であるvi番（世界の歴史上の出来事に関係する）が適用されました。たとえば姫路城は、あの建築の形がすばらしい、ほかにはないということで、芸術的にも建築史学的にも重要なものとして、i番とiv番が適用されて世界遺産になっています。南米へのアフリカからの人の移動が一八一一年ごろから始まったそうですが、ヴァロンゴ埠頭はアフリカからの奴隷が南米に最初に上陸した所であり、奴隷制度が南米に広がったことを証拠づけるものとして、残っているのはわずかでも、その持つ意味は大きいということで、世界遺産になりました。

二〇一七年には、自然と文化の連携ということで非常に重要なものが世界遺産になりました。イギリスの湖水地方です。日本人には「ピーターラビット」の作者ビアトリクス・ポターが住んで執筆をしたところとして有名ですが、イギリスの人にとっては、あらゆる意味で心のふるさとといわれる、イギリスの文学・詩歌などの文化の基となった自然です。これは、世界遺産に推薦してから三十年経って、ようやくなりました。最初に出した一九八七年には、自然遺産としても足りない、文化遺産としても足りないから駄目だと言われました。当時は自然遺産というと、タンザニアのセレンゲティ国立公園やアメリカのイエローストーン国立公園のように、純粋な自然だけのイメージがありました。文化が自然に関わる、人が住んでいて、羊の飼育をしていて、そして長い時間人間が育ててきた湖水地方の自然景観を世界遺産にできるかどうか、世界遺産の側でも審査する充分な準備が整っていなかったのです。一九九〇年の二回目も駄目でした。でも地元はあきらめていなかった。三十年経って二〇一七年にようやく出てきて、晴れて世界遺産になりました。

私は十年ぐらい前に一度現地に行き関係者に会って話を聞いています。そうしたら「まだ続けているんだよ。まずは文化的価値、自然的価値についての調査をじっくりやっている」と言っていたので、大事なのはそうした調査をじっくりやることだとあらためて思いました。三十年前にふわっとなってしまったら、すぐに忘れ去られてしまったかもしれません。地元でじっくりと自然のなかの文化の価値、文化のなかの自然の価値を調査することをやってきた一つの成果であると、私たちは考えています。

文化が自然に関わる文化遺産というと、日本では富士山が二〇一三年に世界遺産になりました。

政治的に難しい案件もありました。パレスチナ政府が出したヘブロンです。ヘブロンはイスラエルとパレスチナのあいだで領土のあり方についての議論が続いているところで、イスラエルの実質占領地があるところです。パレスチナがそういうものを世界遺産に推薦して世界遺産リストに載ると、パレスチナの遺産だということをはっきり記録することになるものですから、そういう意味でイスラエル側も、パレスチナを含むアラブ側も、ものすごく神経質になります。議論のあと、議長が「世界遺産に記載します」という最終決定をすると、その直後イスラエルが立ち上がって「世界遺産を政治利用するな」と怒鳴り始めました。こういうことについても、何かの機会に少し考えていただければと思います。

◇——危機リスト

世界遺産リストには、姫路城も載っている普通の世界遺産リストと同時にもう一つ、「危機にさらされている世界遺産リスト」というものがあって、この審査も毎年やっています。先ほど「世界遺産に載ったからといってそれで終わりではない」と言ったのは、毎年世界遺産になったもののうち問題が生じていそうなものを取り上げて、委員会で議論し、さらに重点的に対処しなければいけないものを「危機にさらされている世界遺産リスト」に載せることをしているからです。

二〇一七年は、危機が去った、世界遺産の価値が回復したということで、アフリカのコートジボワールのコモエ国立公園とエチオピアのシミエン国立公園の二つの自然遺産が危機リストから外されました。文化遺産では、ジョージアのバグラティ大聖堂とゲラティ修道院はともに世界遺産になっていたのですが、このうちの大聖堂が改修をして、その改修が大きいということで世界遺産から外して、修道院だけを残すことになりました。これはなかなか微妙なものだと思っています。文化遺産は難しいんです。自然遺産の場合は、相手が自然ですから数値での評価も可能で、危機リストからおろしたり載せたりということができますが、文化遺産の場合には、文化をどう考えるか、活用をどう考えるかということで議論が分かれます。

そして新たに危機リストに入ったのが、パレスチナのヘブロンです。世界遺産登録と同時に危機リスト入りです。そしてオーストリアの有名な歴史都市ウィーンです。

二〇一七年現在、危機リストは五十四件です（別表）。次の世界遺産委員会でまた数が少し変わると思います。中東の戦争が増えてから、数が急に増えました。ユネスコが戦争を止めるのは無理ですから、戦争で破壊された世界遺産を今後どういうふうに支援していくのか。今まさに中東で紛争があり、かつ世界で大きな地震が増えている現在、危機管理、あるいは大災害と文化遺産は永遠のテーマで、世界遺産委員会においても大きな課題の一つです。文化庁でも姫路市でも兵庫県でも議論していただいていることだと思います。出来事への準備、対処、そのあとの復興支援をどのように行なうか。いま復興支援に当たっている大きなものとしては、数年前に地震があったネパールの支援があります。

危機にさらされている世界遺産

2017年7月現在：54件

危機遺産登録年	世界遺産登録年	国　名	世界遺産名
1982	1981	エルサレム（ヨルダンによる申請遺産）	エルサレム旧市街とその城壁群（文化）
1986	1986	ペルー共和国	チャン・チャン遺跡地帯（文化）
1992	1981	コートジボワール及びギニア	ニンバ山厳正自然保護区（自然）
1992	1991	ニジェール	アイールとテレネの自然保護区群（自然）
1994	1979	コンゴ民主共和国	ヴィルンガ国立公園（自然）
1996	1980	コンゴ民主共和国	ガランバ国立公園（自然）（1984～1992も危機リスト記載）
1997	1980	コンゴ民主共和国	カフジ・ビエガ国立公園（自然）
1997	1988	中央アフリカ共和国	マノヴォ－グンダ・サン・フローリス国立公園（自然）
1997	1996	コンゴ民主共和国	オカピ野生生物保護区（自然）
1999	1984	コンゴ民主共和国	サロンガ国立公園（自然）
2000	1993	イエメン	古都ザビート（文化）
2001	1979	エジプト	アブ・メナ（文化）
2002	2002	アフガニスタン	ジャムのミナレットと考古遺跡群（文化）
2003	2003	アフガニスタン	バーミヤン渓谷の文化的景観と古代遺跡群（文化）
2003	2003	イラク	アッシュール（カラット・シェルカット）（文化）
2005	1993	ベネズエラ	コロとその港（文化）
2005	2005	チリ	ハンバーストーンとサンタ・ラウラ硝石工場群（文化）
2006	2004	セルビア	コソヴォの中世建造物群（文化）
2007	1981	セネガル	ニオコロ－コバ国立公園（自然）
2007	2007	イラク共和国	都市遺跡サーマッラー（文化）
2009	1996	ベリーズ	ベリーズのバリア・リーフ保護区（自然）
2010	1979	アメリカ合衆国	エヴァグレーズ国立公園（自然）（1993～2007も危機リスト記載
2010	2007	マダガスカル	アツィナナナの雨林群（自然）
2010	2001	ウガンダ	カスビのブガンダ王国歴代国王の墓（文化）
2011	2004	インドネシア	スマトラの熱帯雨林遺産（自然）
2011	1982	ホンジュラス	リオ・プラタノ生物圏保護区（自然）（1996～2007も危機リスト記載）

2012	2012	パレスチナ	イエス生誕の地：ベツレヘム聖誕教会と巡礼の道（文化）
2012	1988	マリ共和国	トンブクトゥ（文化）
2012	2004	マリ共和国	アスキア墳墓（文化）
2012	2004	英国	リヴァプール－海商都市（文化）
2012	1980	パナマ	パナマのカリブ海沿岸の要塞群：ポルトベロとサン・ロレンソ（文化）
2013	1988	ソロモン諸国	東レンネル（自然）
2013	1979	シリア・アラブ共和国	古都ダマスクス（文化）
2013	1980	シリア・アラブ共和国	古代都市ボスラ（文化）
2013	1989	シリア・アラブ共和国	パルミラの遺跡（文化）
2013	1986	シリア・アラブ共和国	古都アレッポ（文化）
2013	2006	シリア・アラブ共和国	クラック・デ・シュヴァリエとカル－エッサラー・エル－ディン
2013	2011	シリア・アラブ共和国	シリア北部の古代村落群（文化）
2014	1982	タンザニア	セルー・ゲーム・リザーブ（自然）
2014	1987	ボリビア多民族国	ポトシ市外（文化）
2014	2014	パレスチナ自治政府	パレスチナ：オリーブとワインの地－エルサレム南部パティールの文化的景観(文化)
2015	1985	イラク共和国	ハトラ（文化）
2015	1986	イエメン共和国	サナア旧市街（文化）
2015	1982	イエメン共和国	シバームの旧城壁都市（文化）
2016	1982	リビア共和国	レプティス・マグナの古代遺跡（文化）
2016	1982	リビア共和国	サブラータの古代遺跡（文化）
2016	1982	リビア共和国	クーリナの古代遺跡（文化）
2016	1985	リビア共和国	タドラット・アカクスのロック－アート遺跡群（文化）
2016	1986	リビア共和国	ガダーミスの旧市街（文化）
2016	1988	マリ共和国	ジェンネ旧市街（文化）
2016	2016	ミクロネシア	ナン・マドール：東ミクロネシアの儀式の中心地（文化）
2016	2000	ウズベキスタン	シャフリサブス歴史地区（文化）
2017	2001	オーストリア	ウィーン歴史地区（文化）
2017	2017	パレスチナ自治政府	ヘブロン／アリ＝リハール旧市街（文化）

◇――足りないものは何か

二〇一八年四月現在、文化遺産が八三二件、自然遺産が二〇六件、複合遺産が三五件で、計一〇七三件です。姫路城が世界遺産になったときの世界遺産の数は、二百ちょっとぐらいでした。それから二十五年で一〇七三件。増えました。どう思われますか？　皆さんは、姫路城の価値が落ちるからもうこれ以上数を増やさないでほしいと思うかもしれません(笑)。私たちも、数が少ないことが世界遺産の価値なのか、では何が世界遺産の価値なのか、世界遺産リストとは何を意味するものであるのかということを常に考えています。ちょっと前、一千件になる前、あるジャーナリストのかたに「一千になったら打ち止めですか」と聞かれたことがありましたが、そういうものではないのです。文化庁で行なっている文化財に対する考え方も同じですが、常に必要なことは、「足りないものは何か」と考えていく作業です。日本が入って、日本の文化が法隆寺・姫路城で代表されていることは大事なことです。そして、そのあと何が足りないのかを考えていく。日本から出すもの、あるいはよそから出てきて載せたいと思うもの。

世界遺産委員会では、具体的にはどうやって世界遺産を選び、そして世界遺産が価値を保っているかを審査していくのか。二〇一二年、ロシアのサンクトペテルブルグで世界遺産委員会が開かれたときの委員会の様子です。前のほうに二十一カ国の委員国の席、真ん中辺りに委員国を補佐する専門家団体（文化遺産はイコモスとイクロム、自然遺産はＩＵＣＮ〔国際自然保護連合〕）が座り、行なった事前調査について説明をして委員会を補佐しますが、最終決定は委員会にあります。前のほうに議長、書記、そしてユネスコの事務局が座ります。議長と書記は委員会の委員から互選です。国際社会の委員会ですので、まとめる全責任は事務局ではなく、議長と書記にあります。揉めたときに収めるのはこの二人です。とくに書記の役割は大きくて、「あんなことは言ってない」「こんなことは言わなかった」と揉めたときには、事務局が何か言うとどこかの国に加担することになりますので、書記が収めます。ここではフランス語と英語が公用語です。

世界遺産が注目を浴びるようになって、各国の代表団が大きく様変わりしました。かつて、姫路城が世界遺産になったころは、各国の代表団は主として各国政府の環境省や文化省の専門家でした。今や外交官だったり、大使だったり、かなりトップレベルの人が来ます。世界遺産の重要度が各国で上がったと同時に、各国の政治的配慮が、より反映されるようになったということになります。先ほどお話しした二〇一七年のヘブロンの登録では、これをきっかけにイスラエルとアメリカはユネスコを脱退することになりました。

◇――顕著な普遍的価値とは

世界遺産の価値というのは、顕著な普遍的価値、英語ではoutstanding universal valueといいます。「顕著な」はおわかりですね、「特別な」ということです。「普遍的」という言葉で皆さん悩むのです。姫路城が世界にとって普遍的なのか。日本特有のお城の形ですよね、なぜそれが普遍的価値なのかとよく聞かれます。

世界遺産委員会でも、世界遺産の顕著な普遍的価値とは何かと、ずっと考えていて、十年ぐらい前に「顕著な普遍的価値とは何か」ということについて国際会議を開きました。そこで顕著な普遍的価値とは、その物に所属しているのではなくて、それを受け止める我々にある。つまり、世界の多数が「これは世界の文化のさまざまな形を表すものとして、世界遺産にならなければならない」と思うものが、顕著な普遍的価値である。そしてそれは時代とともに変わっていくものである、ということになりました。もし評価が変わるようなものがあれば、新たな観点からの評価で書き直してもいいことになっています。もちろんその場合は、世界遺産委員会でもう一度審査をいたします。

一九九四年に世界遺産になったフェルクリンゲン製鉄所（ドイツ）はたぶん、世界で最初に近代の工場が世界遺産になったものです。そのときに私の隣にいたカナダ政府代表の女性が私に「こういうものも世界遺産になるのだ」と言いました。でも三十年経って、今やヨーロッパではフランスやベルギーからも、南米やその他の地域からも産業遺産で炭鉱や製鉄所、造船所などが世界遺産になっていく例が増えました。日本からは明治の産業革命遺産が登録されました。いま日本では、佐渡の金山の準備を進めています。

もう一つ、世界遺産がほかのいろいろなリストと違うところの唯一のものは、世界遺産は価値だけではなくて、その保全・活用においても世界の最高のモデルであることを求めていることです。

世界遺産委員会は十日間ぐらいです。三日間、世界遺産の新規の審査をします。三日間、保全状態の審査をします。残りの二日か三日は、予算や問題点について話し、政策を立てるために費やしています。世界遺産への影響で一番多いのは開発とインフラ、そして最近増えているのは紛争です。最後の最後は世界遺産リストから削除されるということになります。ですから常にモニタリングをしながら保全を確実なものにしていく、それから常に発見を続けて価値を深めていく、活用のためのツールを考えていく。日本は文化遺産の保全について、市民も参加して市民と地元と行政とが一生懸命考えてやっているものですから、他国に比べてよくやっていると思うものですから、ぜひそういうものは世界に対して還元する、発信していっていただきたいと思います。たとえば富士山の保全計画は、褒められました。

◇――世界遺産リストからの削除

ドレスデンのエルベ渓谷（ドイツ）は最終的に世界遺産から削除されました。エルベ川に橋を架ける計画がありました。地元では「戦前から計画はあった」「生活のために必要だ」「こういうデザインだったらいいんじゃないか」とかいろいろ意見があり、世界遺産委員会で何度も議論いたしました。ドレスデン市の市議会、あるいは市民としては計画をやめるよう努力はしたらしいのですが、計画決定が都市計画でなされてしまった以上、止めることができなかったというのがどうも実態のようです。工事が始まってしまい、世界遺産委員会としては工事が開始されたら世界遺産リストから削除するという約束をしていましたので、世界遺産リストから落とすことについて投票になりました。

自然遺産のアラビアオリックス（オマーン）の場合は、オマーンが世界遺産にしてほしいと一生懸命頑張りました。アラビアオリックスという生物がいる所です。ＩＵＣＮが面積が足りないことや、法律の不備を問題にして載せることはできないと言ったところ、「広げますから」、「法律も作りますから」と。ということで世界遺産になったのですが、二〇〇七年に、油田開発・

天然ガス開発をすることになったから面積を減らしてほしいという。そもそも世界遺産は保全のモデルですから、開発をするから面積を減らしたいなんてとんでもないわけですが、そうしたらオマーン政府は「では結構、世界遺産リストから削除してほしい」ということになりました。そういう現金なものではない。オマーン政府としての責任はどこにあるのだということになりますが、これはオマーン政府が自分で望んでそうしたわけです。

議論中のものもあります。世界遺産の港町に海上高速道路をつけたものです。いかが思われますか？　モデルですから、やっぱり、ないですよね。リバプール（イギリス）は、開発計画があるということで現在危機リストに載っています。ウィーン（オーストリア）もいろいろ議論しています。

どこまでの景観破壊が許されるのか、ということが現在いろいろ議論されています。世界遺産委員会が、世界遺産の活用・保全のために一緒に考えていかなければならないと考えているものは、以下のようなものです。紛争。訪問者、観光客。自然災害。開発。政治家。そして予算（予算がないことには何もできないかもしれません）。そして新たな地方分権の流れ、あるいは分権に伴ういろいろな新しい状況。国際社会。そして地元の人たちの日常の生活。世界の市民がいると同時に、地元の市民もいるということです。そしてダイバースバリュー、つまり、みんなが大事だと思う価値はさまざまであるということ、誰かが押し付けで一つを考えるわけではないということです。それから文化の多様性。地元のいろいろな文化の状況があるということ。世界遺産へのいい影響も悪い影響も含めて、このような遺産の存在に関わるさまざまことを一緒に考えていただいたうえで、ベストモデルになっていただくことを、現在進めております。

◇――持続可能な開発、そして自然との連携

何のために保全状態の審査をしているのか。たとえば姫路城であれば、日本の中のほかの文化遺産のモデルになっていただきたい、あるいは近隣の国のあるいは世界のさまざまなところのモデルになっていただきたいということです。私はこれから世界遺産に推薦しようと思う、長崎、百舌鳥・古市、沖ノ島、縄文、佐渡などの地元のお手伝いをしていますが、そのときに「地元振興のためのブランドだけではないですよ」ということはきちんと最初にお話をします。その程度のものだったら載せて、あと知らん顔すればいいわけですからね。登録したあと、地元振興に役立ててそれで終わりでいいのか。

世界遺産のことだけが大事で、それ以外はどうでもいいと関係者が考えているわけでもありません。二〇一二年の四十周年のとき、「世界遺産条約採択四十周年記念最終会合」でいろい

ろ考えました。テーマは「世界遺産と持続可能な開発—地域社会の役割」です。社会が持続可能であることは、国連そのものの大事なテーマです。それに対して世界遺産はどう貢献していくのか。世界遺産が世界遺産であり続けるために、世界遺産委員会と各国の専門家は何を考えてきたか。

世界遺産委員会ではちょうど姫路城が世界遺産になったころから、それまでの世界遺産に欠けていたもの、人と自然との関係を考えてきています。そして地域コミュニティすなわち地元の人々が世界遺産のあり方についてみずから考え、地域社会の今後にどうやって結びつけてもらっていくか。まさにこの講座は、そのためのものですね。

次は自然との連携の話です。

アフリカのトーゴの奥地にあるクータマクーという集落です。世界遺産にした理由は、人が自然と生活をしてきた歴史の、ある文化の大事なものだということです。ここに住む人たちの生活を含む非常に広い地域がそのまま世界遺産になっています。世界遺産では「文化的景観」という言葉を使っています。では何を保全していくのか。ここには今、電気もガスも水道もありません。電話も通っていません。そんな生活をこの状態でフリーズするわけにはいきません。いずれは開発をしてインフラを整えていくことになります。例えばそうしたインフラの整え方において、世界遺産でよかったと思ってもらいたい、隣の世界遺産でないところより幸せであってほしいと思います。

アフガニスタンのバーミヤン。タリバーンが破壊した大仏があったところには、日本人のチームが考古学調査と壁画の修理に入りました。今後の開発に対して、いわゆる持続可能な社会の形成のために世界遺産として何がお手伝いできるかということを考えました。仕事で行ったときに「この道路をまっすぐにしてトラックが通れる道路にしたい」と言われました。世界遺産だからといって一方的に止めるわけにはいきません。それでいいのかどうかということについて、地元が自ら考えることが大切だと考えています。

モンゴルの、モンゴル帝国が栄えた土地の街ハラホリン（カラコルム）。ここで開かれた世界遺産の保全を考える国際会議では、首都からも地元からも各部局の代表者に出ていただいて、地元で力のあるお寺のお坊さんにも来ていただいて議論をしました。

フィリピンの棚田は、アジアから、このタイプの自然と文化の境界領域にあるものとして世界遺産になった最初のものです。その前にヨーロッパからぶどう畑が世界遺産になっています。大変広大な山域とその棚田が世界遺産になっているのですが、そのうちのひとつの小さな村には道路は通っておらず、歩くしかありません。反対側からバイパスは通せるはずですが、地元ではどうもこのままでいいと考えているらしいです。

イタリアのチンクエテッレの集落。背後の山はぶどう畑です。今はミラノからローマへ行く鉄道がここを走っていますが、以前はかなりアクセスが難しかったところだったと思います。車の時代になっても、しかし無理して「道路を広げろ」と言うわけではないんですね。高速道路は山の向こう側を通っています。世界遺産のことをやっているときに、常に、必要な便利と必要でない便利ということを考えます。二十四時間営業のコンビニや、車を通すために道路を広げるのは便利です。便利と、今までの生活そのままのほうがいいというのと、どちらが大事か、ヨーロッパに行ったときよく考えます。

文化遺産の保護とはなんぞやと考えるときに、ある私のオーストラリアの友人がいいことを言いました。「文化遺産とは、社会の変化が速すぎるときに警告する速度計だ」。いいですよね。とくに近代以降私たちは速すぎましたから。

◇――世界遺産リストの意味

世界遺産は一千を超えてしまいました。二千まで行くのかな、一万でもいいじゃないの、なんのためにあるの、ということになるところで、最後にもう一度、世界遺産のリストの意味に戻ろうと思います。

世界を大きく「ヨーロッパ（北米含む）」「アフリカ」「アラブ」「アジア・太平洋」「中南米」

の五つに分けて、世界遺産リストの見直しと、足りない所を考えていきましょう。

ヨーロッパは建物が多い。みんな遺跡か教会かで、たまに少し自然もあります。なぜヨーロッパってこう教会ばかりなの？と考えるわけです。

アフリカは自然ばかりです。アフリカにも人が住んでいるのに、どこに人の生活の痕跡があるの？と。南アフリカのマンデラさんが収監されていた、アパルトヘイトの象徴であるロベン島や、また北アフリカには多少、古代の遺跡がありますが、それ以外に何もないじゃないのというのが、もう一つの分析です。

中近東、アラブ地域はやはり遺跡ばかり。どうして遺跡ばかりなの、遺跡以外に生きている人の生活が今もあるでしょう、と考える。

南米は、アマゾンがあるから自然遺産も多い。まあまあバランスが取れている。でも文化遺産を見ると、マヤやインカの遺跡か、征服したスペイン人の遺跡が多いんです。ではないのは何？と考えると、今でもアンデスの山に住む先住民の生活がここにちゃんと反映されているだろうか？となります。

そういうふうに、足りない所を探していく作業を、ユネスコとその周辺の専門家は続けています。

アジア・太平洋は、オーストラリアとニュージーランドを含むから広い。ですので一応自然と文化がそれぞれ揃っている。もう一つアジアのいいところは、アジアの各国は、スリランカやインドやタイなど、近代に植民地になるまで文化が歴史をもって発展してきたので、各国の生きている文化が比較的きちんとあることです。ということで、アジア・太平洋地域はわりとバランスがとれたところだと私は思っています。

そして世界遺産リストとはなんぞやということですが、私はこう考えています。「世界遺産は、地球という一つの自然とそこに住む七十億を超える人々の歴史のジグソーパズルである」。今は、一〇二七のピースで一枚の絵ができているわけです。これから世界遺産にするためには、「何が足りないだろう」と思ってじっと見たうえで、ちょっと穴をあけて、そこを埋めていかなければいけない。あるいは、今あるジグソーパズルは穴がいっぱいあるかもしれなくて、その穴を埋めていく作業を考える。

ということで、いま日本で、世界遺産の具体的な準備をしているところがいくつかあります。北海道・北東北の縄文遺跡群、佐渡の金山。いま長崎が審査中で、百舌鳥・古市は推薦書を出したところです。それ以外にも、世界遺産の申請には暫定リストといわれる予備リストに載らないといけないのですが、載っていないものでも頑張っているところはあるわけです。宇治のお茶の景観、四国のお遍路さん。それから日本は江戸時代から教育が優れていたので、江戸時代の学校をつなげたりとか、いろいろ地元では考えています。それを私がお手伝いをするとすれば、それらの歴史を、世界遺産というジグソーパズルにどうやって当てはめるのかということを考える。「北海道・北東北の縄文遺跡群は、この歴史のジグソーパズルのどこのピースかな」と考えています。世界遺産というジグソーパズルは常に進化をしているわけです。

もう一つ、今まで、世界遺産の価値とはどこにあるかを考えるなかで、価値とは何か。芸術的価値、歴史的価値、学術的価値、日本の文化財保護法も同じようなことが書いてあるわけですが、そのときに大きな文明も小さな文明も同等に考えたいわけです。アフリカの小さな部族も、エジプト文明も、アンデスの人たちも。そのときに考えるのは、世界遺産とは、地球のあらゆる地域のさまざまな人々が、与えられたそのときの課題にどのように答えてきたか、その歴史を語るものだということです。英語では response といっています。ある社会においてそれぞれみんなが生きてきて、それに対してどうやって答えてきたのかを探すということになります。

世界遺産のリストをさらに充実させていくために足りないものは何かと探し続けるとともに、今ある世界遺産から何を未来に向かって語らせるか。これは姫路城でも考えていただきたい。姫路城も、今ある世界遺産というジグソーパズルの一つのピースなわけですからね。姫路城が、モンゴル・アフリカ・フィリピンの田舎の人たちに、モデルとして何を語るのかということを考えていっていただきたいと思っています。

世界遺産だからこそ得られるものの一つに、世界のネットワークの一つであるということがあります。ユネスコの世界遺産のページに、姫路城で一つページを持っていて、姫路市でしたらそこにリンクを貼れるので、リンクを貼ったらいくらでも発信できます。世界に発信していく力を得られたということは世界に発信していく責任もあるということで、どうぞ、世界に向かって発信していっていただきたいと思います。

姫路城の魅力

萩原　さちこ

◇——はじめに

私が思う城の魅力は、二つとして同じものがないということに尽きます。ビギナーのかただと、天守一つとっても、大体同じだという印象が強いようです。けれども、全国に残る十二の天守を見比べてみると、たった十二しかないにもかかわらず、大きさもデザインも違いますし、それぞれの城の存在意義もばらばらです。築城の背景が異なるからです。城を研究するといった難しい視点ではなく、単純に楽しむといった意味でも、軍事的な工夫、立地や地形、縄張（設計）、建造物、石垣、役割、変遷などポイントを絞り、その上でいくつかの城を比較すると、個性を発見できます。

城は政庁であり軍事施設ですから、なんとなくつくられるということはありません。たとえば街道との関係、国境につくったのか、それとも連携のためにつくったのか、立地の理由を見ていくのも一つの楽しみです。それから地形にも注目です。姫路城もそうですが、高低差をうまく利用して建てることが城の必須条件です。地形の利点を利用し、欠点を補って、知恵と工夫を詰め込んでいかに攻めにくく守りやすい城をつくるか、ということが肝になります。とくに戦国時代の城ですと、近世の城よりその特色が顕著です。

城の発祥は弥生時代の環濠集落までさかのぼるとされています。そこから、世の中が変わるにつれて城の姿、形、規模、つくられる場所もどんどん変わっていくわけですが、そういったなかで共通しているのは軍事施設だということです。その城がつくられたときの社会情勢や、何のためにつくられて、どうやって目的を果たそうとしているのか、築城の背景を見ることで、城の本質や、知られざる横顔が見えてくるのではないかと思います。

◇――姫路城―実用と美観を兼ね備えた天守群

今日は城の顔である天守に特化して、「天守の軍事的工夫」「築城の目的・役割」をキーワードに挙げて、お話ししていきます。

姫路城天守は、五重六階地下一階の望楼型天守になります。かなり大きい天守で、大天守と三棟の小天守を四棟の渡櫓でつないだ連立式です。カタカナのロの字の四隅に一つの天守と三つの小天守を置いて、その四つをイ・ロ・ハ・ニの二重の渡櫓でつないでいます。大天守・三棟の小天守・四棟の渡櫓の八棟すべてが国宝です。その八棟が絶妙に重なり合って、究極の造形美をなしています。私も来れば時間があるかぎり、周辺を歩き回りますけれども、どこから見ても美しく見えるというのが、外観の魅力だと思います。

姫路城の天守は、外観の美しさとは裏腹に、内部には軍事的な仕掛けが詰め込まれた実戦仕様となっています。美観と実用を兼ね備えている、そこが最大の魅力だと思います。まず入ると、地下に流しや厠があります。これは天守の中に籠城する想定があるということです。全国の天守のなかには、こういうものがないところもあります。それから天守の壁面に、引き戸の小窓があります。煙の排出口である煙出しです。火縄銃の煙を外に出すためのもので、つまり火縄銃を使う想定があったということです。火縄銃は撃つと煙がもくもくと出て、どこかから煙を出さないと、撃った人間の周りが真っ白になって何も見えなくなってしまいますから、このような窓をつくりました。

それから姫路城といえば、石打棚です。姫路城は五重六階地下一階、外から見ると五重で、内部は六階建て。つまりは外から見る階と、内部の階が違います。各階の天井の高さが等間隔ではないため、三階と四階では、手が届かないところに窓ができてしまう。そこで石打棚という段をつくりました。この石打棚の上に乗れば、窓から外を見たり、いざというときは射撃できる。つまり攻撃の場にすることができるわけです。石打棚の下は、倉庫のような空間になっていて、武器を入れておくこともできたと思います。

破風は外側の壁に付いている三角形の屋根です。出窓状態ですから、内側には空間ができます。ここをうまく利用して、射撃の場にしたり監視の場にしたりもしています。石打棚もそうですが、このようにデッドスペースをうまく利用しているのです。こういった工夫が随所にちりばめられています。

これらのことから、姫路城の天守は、きれいな外観ばかりに気を取られますが、戦うことを想定しているといえます。天守まで攻めこまれたら、正直なところ、もう落城決定でしょう。ですが、最後の最後まで天守に籠ってまで戦う気があるんだと想像できるわけです。

武者隠しは、一見、柱かなという部分の内部が空洞になっていて、人が入れるようになっています。内部には攻撃用の小窓である狭間が開いていて、ただ隠れるためではなくて、ここから射撃をする想定があることがわかります。武者隠しは何カ所かつくられていますが、内側に向く狭間がつくられている箇所もあります。想像すると、ここまで敵が攻め込んできたとき、おそらく落城していると思いますが、そんなときでも一人でも倒そうとして、内側に向けて狭間が切られているのかもしれません。

このように、姫路城は天守だけ見ても戦いへの備えがみられます。では、なんのためにつくられたのか、どういう背景で築かれたのか、という疑問が湧いてきます。ずばり言うと、姫路城は、徳川家康の勢力により関ヶ原合戦後の緊迫した情勢のなかでつくられた城と考えられます。

今の姫路城がつくられ始めたのは関ヶ原合戦の翌年、慶長六年（一六〇一）のことです。つくったのは、徳川家康の娘婿である池田輝政（一五六四〜一六一三）です。「天下分け目の関ヶ原」などといわれますが、勝った家康が翌日から天下人になるわけではない、ということが一つのポイントです。政治的な権力は徳川家康が握ることになりますが、豊臣秀頼が大坂城に健在ですから、天下は豊臣家のものなのです。豊臣恩顧の大名もまだいますから、彼らが大坂に結集して家康を攻めるかもしれず、家康にとっては油断ならない状況が続くわけです。

そこで家康は、豊臣秀頼との決戦に備えて「大坂城包囲網」を構築していったと考えられます。豊臣秀頼がいる大坂城を取り囲むよう、主要な街道上に城を新築したり大改修したり、もしくは城主を徳川方に引き入れて、城による包囲網を固めていったのです。西国の大名が大坂に結集するとき、姫路は進路上にありますから、家康は、娘婿である池田輝政にこの場所を与え城をつくらせた。こういった背景が姫路城にはあると考えられます。つまり姫路城は「大坂包囲網」の一つとしてつくられた城でした。

戦うためにつくられた軍事施設であれば、こんなに豪華できれいな必要があったのか、立派な天守をつくる必要があったのかという疑問が生じます。しかし、姫路城の一番の魅力である「実用と美観を兼ね備えている」というのが、この時代の城のあり方なんですね。戦国時代の城は「強ければよかった城」ですが、「強くて美しい城」へと時代は変わっていきました。天守が絢爛豪華なのは、権力・財力の象徴だからです。豪華さの背後にある権力を、目に見えるかたちで顕在化していくというのが、天守の一つの大きな側面です。絢爛豪華な城が姫路にできれば、これをつくった池田輝政はすごいな、そしてその背後にいる徳川家康もすごいなということになる。城はそういった政治的なツールでもあるのです。

◇――松江城――外様大名としての配慮がある天守

ほかの城の例も見ていきましょう。二〇一五年に新しく天守が国宝に加わった松江城（島根県松江市）です。天守が国宝になるのは六十三年ぶりのことで、国宝五城になりました。

関ヶ原合戦後、家康による大名の配置換えが行なわれ、大名が新たな領地で城をつくるケースがたくさんありました。松江城もその一つです。築城を開始したのは堀尾吉晴（一五四三〜一六一一）で、慶長十二年（一六〇七）のことです。家康による配置換えにより、慶長五年（一六〇〇）に息子の忠氏（一五七七〜一六〇四）が出雲・隠岐（今の島根県）二十四万石を賜り、最初は月山富田城《がっさんとだ》（安来市）という、出雲の覇者尼子氏が本拠にしていた城に入りましたが、関ヶ原合戦を境に城のあり方が転換していく時期ですから、より時代に見合った城づくりにふさわしい立地を求めて、松江城が新築されることとなりました。忠氏が若くして亡くなり後を継いだ孫の忠晴も幼少だったため、堀尾吉晴が後見人となり実質的に松江城もつくりました。天守は慶長十六年（一六一一）に完成しています。

天守の構造と外観は、四重五階地下一階になります。そして入口部分に、付櫓という小さな建物が付属しています。なぜ姫路城のように五重にできなかったのか推察すると、池田家と堀尾家の違いというのが一つ言えると思います。堀尾家は豊臣方でしたので、ちょっと配慮したのではないでしょうか。

内部の防御装置を見ていきます。壁に狭間がたくさん切られていますが、松江城天守の大きな特徴は、天守から付櫓へ向けて切られた狭間があることです。狭間は城外に向けて矢や鉄砲を放つためのものですから、本来は建物の内側から外側に向かって開いているものです。ところが松江城天守の場合は天守から付櫓へ向けて狭間が切られている。つまり最終的に天守まで攻められてしまった場合、付櫓に入ってきた敵に対して天守壁面の狭間から攻撃するということです。先ほどの姫路城天守と同じで、ここまで敵が来たら落城確定と思うのですが、最後まで、城を枕に戦う想定・覚悟があることがわかるわけです。そもそも付櫓にも、中二階のような空間があって、敵に対して攻撃できる造りになっているのですが、これを一段階目の守りとしたら、付櫓に入ってきた敵を天守の壁にある狭間から撃つというのが二段階目の守りということになろうかと思います。内部の中二階のような空間も、入ってきた敵の動きがよく見えるように設けられています。天守内も、各階の階段が同じところにつくられておらず、何かと遠回りをするような造りになっています。それも、敵をくまなく見わたすためといわれます。また、弓矢・鉄砲の射程から離れてしまうと意味がないので、そういったところもすごく計算されてつくられています。地下に井戸があるのも特徴です。堀尾吉晴は天守の中に井戸をつくる好みがあったようで、松江城の前にいた浜松城天守の地階からも井戸が見つかっています。井戸の奥底が曲輪の地面の標高と同じだということで、抜け道になっているのではないかということも、よくいわれます。

松江城の役割を考えますと、堀尾吉晴は豊臣政権下で活躍し、秀吉政権下で、重要視された浜松城主に任じられたほどの人です。関ヶ原合戦が終わって徳川方になって生き残りはしましたが、外様大名として厳しい風当たりのなかにあったでしょう。そんな関ヶ原から大坂の陣の戦間期、いつ何が起きても戦える城をつくりつつも、徳川に配慮した、こういったところが松江城の特徴だと思います。また、新しい領国で領国経営もしなければいけませんので、そういった面でもすごく考えられてつくられていると思います。

◇――彦根城―戦いも想定しつつ美観も高める

彦根城（滋賀県彦根市）は、役割という意味では、姫路城とまったく同じものを担っている、つまり「大坂包囲網」の一つとしてつくられたと考えられている城です。徳川四天王の一人ともいわれる井伊直政（一五六一～一六〇二）が、関ヶ原合戦後に近江に転封。はじめは佐和山城（滋賀県彦根市）に入りましたが、慶長九年（一六〇四）、天下普請で新たに彦根城がつくられました。この辺りは松江城と状況が似ています。井伊直政は関ヶ原合戦の傷が原因で慶長七年（一六〇二）に亡くなっていたので、息子の直継と直孝（一五九〇～一六五九）がつくりました。天守は慶長十一年（一六〇六）に完成したとみられます。彦根は北国街道と中山道がぶつかる要衝です。井伊直政にこの地を与え、「大坂包囲網」の一つとして天下普請で築かせたのが彦根城ということになろうかと思います。天下普請は、幕命で行なう築城工事のことです。井伊家の城でありながら徳川幕府の城であるということです。

彦根城もかなり戦いを想定されてつくられている城だと思います。縄張（設計）を見ても、個性的でよくできているんですね。攻めようと思っても攻めきれないのではないかと思わせる、さすがは戦い抜いてきた井伊家がつくった城だと思わせられます。

天守は、三重三階の望楼型。姫路城と比べるとかなりコンパクトです。大津城の天守を解体して三重天守につくり直したと考えられます。小さいながらも豪華に見せようという、デザイン性の高い天守だと思います。まず、破風の数が多い。壁面の面積に対して破風が多く、破風同士がくっつきそうなぐらいです。先ほど言ったように、天守はいわばシンボルタワーですから、城下から見たときに大きく豪華に見えるように、工夫したのでしょう。それからバリエーションも豊かです。庇が付いた破風は、おそらく彦根城オリジナルです。珍しい形の切妻破風も付いている。それから寺院発祥の花頭窓という鐘のような形の窓が、一つの壁面に二つ付いている。二重目と三重目に花頭窓が二つ付いているのは彦根城の天守だけです。なかなかデザイン性が高いと思います。

彦根城の特徴は、美観を損ねずに実用性を高めたところです。隠し狭間があります。姫路城天守の狭間のように壁に穴が開いているのではなく、しっくいで塗り固めて塞いであります。ですから、外から見たときに狭間がどこにあるかわかりません。いざというときは蓋を外して、叩き割ると狭間になる仕組みになっています。この隠し狭間をどれくらいの力で叩いたら貫通するのか気になっていて、行くたびに叩きたい衝動に駆られて、いつも気持ちを抑えています(笑)。

それから、先ほどの姫路城天守の武者隠しと同じ発想で、隠し部屋があります。最上階の東西の壁の下部に引き戸があって、開けると中に小部屋があります。中には入れませんが、扉は常時開けてあって、覗き込むと小部屋があることがわかります。扉を閉めてしまったら、部屋があることは一見わかりません。この隠し部屋は実は破風の間を利用したものですが、一見わからないところにつくられています。この中に入ったことがありますが、入ったときに一番感激したのが、外側に向けての狭間がいくつか切られていたこと。ということはこの隠し部屋内部から、外に向けて攻撃ができるようになっているということです。この隠し部屋の存在から、彦根城天守の破風は、きれいに見せるためにたくさん付けたという事実はありながら、それによってできた空間をうまく使っていることがわかります。

◇──宇和島城──戦いを想定していない天守

姫路城天守、松江城天守、彦根城天守と、「戦う気があった」「美観を高めながらも実用性を高めていく」「同じ背景を持って同じ時期につくられた」と共通項を挙げながらお話ししてきました。実は、これらとは異なり、まったく戦いを想定していない天守というのもあります。

その代表例が、宇和島城（愛媛県宇和島市）の天守です。三重三階の層塔型。単独で建つ独立式です。大きくない。装飾が少ない。姫路城や松江城、彦根城とはだいぶん違います。それもそのはず、建てられた時代が違います。まったく戦闘を意識しない、平和な時代につくられています。近世の宇和島城を築城したのは藤堂高虎（一五五六〜一六三〇）で、築城年は慶長元年（一五九六）です。その後、慶長十九年（一六一四）に伊達秀宗が十万石を与えられて宇和島伊達藩が成立し、現存する天守は、寛文六年（一六六六）頃に、二代宗利（一六三五〜

一七〇九）がつくったとされます。伊達秀宗は伊達政宗の長男ではありましたが庶子だったので、仙台伊達家とは別に宇和島伊達家が成立しました。入口の唐破風に、仙台伊達家のものとはデザインが微妙に違う宇和島伊達家の「竹ニ雀紋」も見られます。

唐破風といわれる、寺院などに見られる破風が付いた、すごく入りやすそうな玄関になっています。軍事施設として考えたときに、こんなに入りやすい天守はおかしいわけですよね。先ほどの松江城天守の入口は、付櫓を活用してかなり戦闘的な空間になっていました。それに対して、格式の高い唐破風を付けて、いかにも「ようこそお越しくださいました」という入口にしたということは、まったく戦いを想定していないわけです。おそらく天守をつくりたかったのでしょうね。また、宇和島城天守に破風はありますが、その裏側に破風の間はありません。要は、デザイン性を高めるために外壁に三角の破風を付けただけです。ですから、彦根城のように破風の間を利用した隠し部屋など一切ありません。内部を見ていくと、狭間も石落としもない、いわゆる御殿のような造りをしています。柱の仕上げも手が込んでいます。こんな戦闘装置のない平和な天守もあるわけで、そういった違いがあるのも、城のおもしろいところです。

◇――松本城――二棟をのちに増築した天守群

戦国時代の戦うための建物と、平和になってからの建物が融合しているのが、松本城（長野県松本市）の天守です。松本城の天守群は五つの建物で構成されています。写真の真ん中のものが大天守で五重六階になります。五重の現存天守は姫路城と松本城天守だけです。いちばん左側にあるのが三重四階の乾小天守です。その大天守と乾小天守を二重二階の渡櫓でつないでいる。いちばん右にあるのが一重一階地下一階の月見櫓で、月見櫓と大天守は辰巳附櫓という二重二階の櫓でつながれています。この五棟が国宝です。大天守と乾小天守を渡櫓でつないだ連結式天守に、辰巳附櫓と月見櫓が増築された複合連結式天守群になるわけですが、全部つながっているので一回も外に出ないで五つの建物全部を見ることができま

松本城の天守群

す。現在、乾小天守は耐震性の問題で非公開になっています。

おもしろいのは、大天守・乾小天守・渡櫓の三棟と、月見櫓・辰巳附櫓の二棟が別々の時代につくられたということです。

元々あった大天守・乾小天守・渡櫓は、文禄三年（一五九三）、家康の重臣から秀吉の傘下に入った石川数正（？〜一五九三）とその子・康長（一五五四〜一六四三）により築城されました。その当時、秀吉は天正十八年（一五九〇）に家康を江戸に封じ込めたあと、家康を牽制すべく、主要な街道上に配下の城をつくっていきました。家康の「大坂包囲網」と同じ発想です。松本城は、その秀吉の整備した包囲網のうち、東山道沿いに築かれた城の一つと思われます。

ですから大天守を見ていくと、やはり戦う想定がある。壁は狭間だらけで、石落としもふんだんに設けられ、二階には武者窓があります。三連・五連の竪格子窓は、火縄銃を放つ箕段があったと思われます。武骨というか、ちょっと古風なイメージがあって、戦国時代につくられた天守という感じがします。

増築された月見櫓・辰巳附櫓を見ていくと、優雅な造りと雰囲気に変わっています。とくに月見櫓には、軍事施設に付けるわけがない赤いバルコニーのような回廊（高欄付の回縁）が付いていますし、かなり大きい窓が開いています。こんな窓を付けたら、弓や鉄砲が入り放題ですから、こういったものを戦国時代につくるわけがありません。つまり平和な時代に増築されたということになります。月見をするための月見櫓、娯楽施設です。

この辰巳附櫓と月見櫓は、三代将軍家光の時代、寛永十一年（一六三四）に建造されました。前年に家光が善光寺に参詣し、その帰りに松本城に寄るという話が浮上して、そのおもてなしのためにつくられたと考えられています。…結局来なかったのですが。

大天守の中は、暗いです。たくさん光が入ると、弓や鉄砲も入ってくることになりますから、明かり取りぐらいしか付けません。一方、月見櫓は舞良戸《まいらど》を全部取り外せば、明るい開放的な空間になります。以前BSの番組で坂東三津五郎さんがここを訪れて、「思わず踊りたくなるね」といって踊っていらっしゃったのがすごく印象的でした。それぐらい優雅な空間になっています。時期の違う建物は、建築の技法をみてもまったく違っています。

余談ですが、月見櫓の横に舟着き場があるんですね。月見櫓が増築されたときにつくられたものと思われ、ここから内堀に小舟を漕ぎ出していたのでしょう。小舟の上で月見をしていたかもしれません。堀というと優雅な施設のイメージがありますが、本来は軍事装置です。堀幅は広ければいいと思われがちですが、そうではありません。確かに堀幅が広いほうが攻めにくいというメリットはあるのですが、あまりに広くしてしまうと今度は城内からの攻撃が届かなくなってしまう。ですから、基本的に鉄砲などの射程を計算してつくっています。松本城の内堀も、築城時の鉄砲の射程に合わせて設定してあります。築城時は防御装置の一つとしてつくられた堀が、のちの時代には風情を楽しむというふうに変化していたことがわかります。

このように天守一つとってみても、目的・役割がある、それから松本城のように一つの城のなかにも時代による変遷がある。姫路城も、皆さんご存じのように、池田の時代のあと、本多の時代になると西の丸が増築されるように、やはり変遷があるんですね。さらにいえば池田輝政の前にも秀吉時代の姫路城や黒田時代の姫路城があるわけで、そういった一つの城のなかに変遷のドラマがあるというのも、城のおもしろさだと思います。

◇――石垣の歴史と積み方

石垣の話を少しいたします。姫路城は建物とともに石垣もたくさん残っているので、石垣も見ていただけると、楽しみが広がるのではないかと思います。

城全体を高い石垣でぐるりと囲む、いわゆる城の石垣というのは織田信長の城で誕生します。天正四年（一五七六）に安土城を建てた信長は、そこで初めて天主を建てて、高い石垣で城を囲ったと考えられています。近年の発掘調査により、信長が安土城以前、永禄十年（一五六七）からつくった岐阜城（岐阜県岐阜市）、同六年からつくった小牧山城（愛知県小牧市）でも石垣を築きはじめていたことがわかってきていますが、いずれにしても現在の「一般的な城」の原型は信長により誕生し、秀吉、家康に受け継がれ、西国を中心に高石垣が全国の城につくられるようになったといっていいでしょう。

積み方は、基本は加工三種類×積み方二種類＝六パターンです。

[加工] 表面加工が進化していく

野面積《のづらづみ》…自然の石をほぼ加工せずに積む。粗雑に見えるが頑丈で耐久性にもすぐれる。

打込接《うちこみはぎ》…表面が平らになるように、石材を打ち砕いてから積む。石材間の隙間が減る。

切込接《きりこみはぎ》…サイズや形の違う石材をジグソーパズルのようにぴったりと隙間なく積む。

[積み方] 目地で判別

乱積み…大小さまざまな石を自由に積む。

布積み…横に目地を通して積む。

※その他、「谷積（落積）」や「亀甲積」のような変則的なものもある。

表面の加工がだんだんきれいになっていくので、粗々しい野面積は技術的に劣るようなイメージがあるのですが、排水面や強度では、結構優れていたりします。そのため新しい時代になっても野面積を積むことがありますので、野面積を見たら絶対古いとは言い切れません。これが落とし穴ですが、少なくとも切込接が関ヶ原以前に積まれることはあり得ません。

石垣が積まれた年代を見ていくうえでは、隅角部分の積み方がたいへん参考になります。算木積みといわれるものです。算木積みは、長方形の石材の長辺と短辺を互い違いに噛ませて重さを分散させる積み方で、こうすることでより強度が増します。石垣はいちばん下の石（根石）を斜めに差し込むようにして積みはじめますから、最上部（天端）を水平にするためにはどこかで角度を調整しなければなりません。精度の高い算木積みは石そのものでこの角度を調整しているため、最下段から最上段まで隙間なく整然と積まれます。石垣の隅角部は鈍角に開きますから、石は上下だけでなく左右にも広がっているはずです。ここまでの成形ができていない算木積みは、上下に隙間ができてしまうため、小石で埋めながら調節しています。石は長辺と短辺の比率が均一なほうが重さが均等に分散して理想的ですが、古い算木積みは石の大きさがばらばらで不整形です。

こういうきっかけで有名になってほしくはなかったのですが、熊本地震の際に報じられた熊本城の奇跡の一本石垣が、石垣の隅角部分がもっとも強度が高いことを示した事例です。石垣は自然崩落の場合、真ん中から崩れます。隅から崩れることは基本的にありません。圧力が真ん中に掛かっていって、石垣の真ん中の部分が押し出されてくる。はらみだしといいますが、そこに圧がかかっていって、耐え切れなくなると破裂するように崩れるというメカニズムです。熊本城は、あまりに強烈な揺れだったために、その過程が一気に起こり、あのように隅角部分だけが残りました。逆に、意図的に城を壊すときは、全部崩すのも大変なので、石垣の隅っこだけを崩していきます。隅角を崩すと石垣は修復不可能なのです。

◇――姫路城の石垣

姫路城の石垣はかなりの変遷があり、さまざまな積み方の石垣を見ることができます。姫路市立城郭研究室の冊子によると、以下の五期に分けられます。

第Ⅰ期　天正八年～慶長五年（一五九〇～一六〇〇）
第Ⅱ期　慶長六年～慶長十四年（一六〇一～一六〇九）
第Ⅲ期　元和四年頃（一六一八）
第Ⅳ期　江戸時代
第Ⅴ期　明治以降

第Ⅰ期は天正八～九年（一五九〇～九一）の羽柴秀吉の築城時の石垣が中心です。上山里下段、菱の門東方、への渡櫓などに見られます。野面積で、矢穴（石を割るための穴）はありません。算木積みは未発達です。凝灰岩のほか、チャートや流紋岩が使われています。石棺や宝篋印塔や五輪塔などからの転用石が多用されています。

第Ⅱ期は池田輝政が築いた石垣です。天守台、備前丸、二の丸のリの櫓などで見られます。

構築方法がそれ以前と大きく異なり、打込接に変わってきて、乱積みまたは落とし積みとなり、算木積みが完成しました。凝灰岩系が主で、一部、花崗閃緑岩、砂岩、チャートが使われています。転用石は減り、刻印が増加します。

第Ⅲ期は本多忠政による改修と西の丸拡張工事が行なわれた時期の石垣です。西の丸ワ～カの櫓台などで見られます。基本的にはⅡ期の石垣と類似していて、池田時代との差はそんなに明確ではありませんが、石の加工精度は上達しています。武蔵野御殿跡には切込接も見られます。

第Ⅳ期は江戸時代に修復された石垣です。はの門西方渡櫓、備前丸西方などで見られます。

第Ⅴ期は明治以降に陸軍によって修復された石垣や、昭和・平成の大修理による石垣です。西の丸化粧櫓の裏側などで見られます。

姫路城石垣の石材は、姫山から半径数キロ以内の山一カ所からだけではなくて、いろいろなところからかき集められているようです。花崗岩や凝灰岩が使われていますが、近隣は砂岩しか取れなかったようです。

◇――姫路城の魅力とこれから

姫路城の魅力の一つは全国唯一の希少性、つまり、八棟の国宝建造物のほか、七十二棟の国指定重要文化財があることです。天守だけがぽつんと現存する城とは異なり、城の内郭の骨組みが残っていて、観光客でも理解できるほど、城の全体の構造が明らかです。さらに、内郭の外側の骨組みもよく残っていて、往時にタイムスリップできます。内・中・外曲輪に設けられた門も残っています。天守群ばかりにどうしても目が行ってしまいますが、それだけではないというのは、全国のほかの城と比較してもすごいことだと思います。

二つ目は、天守群の美です。美観と実用を兼ね備えた最高峰の天守群です。そして、調査・整備と技術の継承によって、その価値を守り美しさを保っています。そういったところも姫路城の独特なところだと思います。

城というのは、全国どこでも地域の誇りであり、心の拠り所なのです。姫路城も、ずっと美しく強い姫路城であるためには、皆さんの理解が何より大事になってくるかと思います。

ここにある世界遺産

姫路城成立の歴史的背景

中元 孝迪

◇――はじめに

大学で「播磨学」と「姫路城」の授業を担当していますが、講義の初めに、しばしばこんな質問を受けます。

「なんで、こんなところに日本初の世界文化遺産となる姫路城があるのですか」

というのです。「こんなところに」、はないだろうと内心穏やかではないのですが、それでも、苦笑しながら、それを歴史的に解き明かすのがこの授業なので、しっかりと受講してほしいと、真面目に答えております。

しかし、よく考えてみますと、「こんなところに」という印象は、地域に住む私たちも、持っているのではないでしょうか。姫路・播磨という〝ローカルな地〟にそれほどまでに優れた城郭が築かれたことへの正直な疑問が、この質問に込められていると思うのです。

姫路・播磨が、〝地域の力〟を失っていわゆるローカル化していくのは、ご承知のように近代以降、わずか百数十年前からのことなのです。それまでの姫路・播磨は、日本の歴史上、無くてはならない地域として相応の役割を演じてきました。その延長線上に、地域の力のシンボルとして姫路城が築かれ、それが、結果的に、法隆寺とともにわが国初の世界文化遺産としてユネスコ（国連教育科学文化機関）から〝認定〟されたわけです。本日は、この播磨における歴史的な地域の力について概略をお話して、「何でこんなところに」という疑問にお答えしようと思います。

◇――古代の豊かさと先進性――「大国」への萌芽

播磨地域というのは、いまさら言うまでもないことですが、摂津以西―現在の神戸市垂水区と西区および北区の一部も包含して北は丹波、但馬、西は備前、美作との国境まで三千六百平方キロメートル強（兵庫県の四三％）の範囲を指し、現人口は二百万人（同三六％）を超え、中規模県並みの大きな地域となります。古来、「大国の中の大国」と位置づけられ、時代ごとに、国家の動向に大きな影響を及ぼしてきました。歴史的に「日本史を動かした播磨の力」というものを感じることができる地域です。そのことについて、まず古代から見てみたいと思います。

前方後円墳というと、日本独特のデザインで築造されたお墓ですが、これは一方で、ヤマト政権との濃厚な関係を示す非常に重要な証しとなるものなのです。播磨には、百基を超すこの前方後円墳存在します。他地域に比べ突出した数です。また、〈表1〉で示したように兵庫県内の大規模古墳ランキングを見ても、圧倒的に播磨の古墳が多いことが分かります。

さらに注目すべきは、平成十一年、当時の揖保郡御津町（現たつの市）の綾部山の東はずれで発掘された「綾部山三九号墳（墓）」です。この古墳は、奈良・纒向《まきむく》遺跡にある「ホケノ山古墳」と同様の築造方法で築かれているのです。ホケノ山古墳は、邪馬台国の女王・卑弥呼の墓と推測される箸墓古墳の脇に築かれたもので、独特の三重構造の石室を持ち、魔除けと思われる水銀朱が添付されているという阿波・讃岐地方の古墳特有の工法で築かれたことが確認されています。従って、被葬者は同地方から〝邪馬台国〟に出仕した豪族で、卑弥呼に深くかかわり、死後も卑弥呼を見守るという地位にあった政権の有力者ではないかと考えられています。

表1　兵庫県大型古墳ランキング

①	五色塚（神戸・垂水）	197m
②	雲部車塚（丹波篠山）	143m
③	壇場山（姫路・御国野）	140m
④	池田（朝来・和田山）	128m
⑤	輿塚（たつの・御津）	110m
⑥	玉丘（加西）	105m
⑦	丁瓢塚（姫路・勝原）	101m
⑧	愛宕山（三木）	95m
⑨	王塚（神戸・玉津）	93m
⑩	行者塚（加古川）	90m

綾部山三九号墳も、ホケノ山と同じく石室は三重構造で、水銀朱も確認され、さらに讃岐系土器も出土しています。これらのことから、阿波、讃岐と、播磨沿岸部、つまり播磨灘を取り巻く地域「環播磨灘」エリアの交流が類推され、このエリアにおいて、同じ文化を共有する、一つのまとまった〝勢力〟が形成され、それが、邪馬台国の成立に大きな影響を及ぼしたと見る向きもあります。卑弥呼が、「魏志倭人伝」の記述どおり、〝倭国〟の内乱を収束するために「共

立」されたとするならば、播磨を含んだ環播磨灘勢力も、その有力な共立勢力ともいえるでしょうし、さらに率先して共立を企図したグループであったとの考えも提示されています。

こうした古代における「播磨の力」を作り上げたのは、揖保川、千種川、夢前川、市川、加古川といった南北に並行して流れる大きな川の存在です。流域にはいち早く米作地帯が形成され、播磨の富が蓄積される環境が整っていきます。天災が少なく、日照時間の長い播磨は、コメの生産に最も適した暮らしやすい地域の一つになり、そこには、渡来系の人々も数多くやってきます。彼らは新しい技術を携え、在地の有力者と結びついて地方権力の構築に関わっていったと考えられます。一方、カマド、金細工、須恵器などといった渡来系の先進技術は、生活文化の向上、さらにはその延長線上で、例えば早期の仏教受容などいち早く精神文化の高まりをもたらします。政権中枢としては、「ちょっと気になる」豊かな播磨地域が生まれることになります。こうした状況を背景にした当時の政治状況については、景行天皇の播磨入り―印南別嬢への

綾部山39号墳（墓）石室＝たつの市御津町

譊《つまどい》といった「播磨国風土記」に語られた多くのエピソードからも読み取ることができましょう。

◇――多様な「租庸調」――高生産支える交通網

絶好の米作地帯となった播磨はまた、山、川、丘、平野、海といった変化に富んだ地形から、様々な恵みがもたらされ、多様な産物が生産されるようになっていきます。しかも災害も目立って少なく、比較的、安心、安全、安定した地域であっただけに、その生産性は、次第に高まり、やがて〝多品種・大量生産〟をも可能にしていきます。域内生産物が多種、多様化することによって「産物に恵まれた豊かな播磨」という、いわば〝経済大国〟が出来上がっていきます。

産物の多さについては、例えば、古代の税制で「租庸調」というのがありますが、播磨からは、格別に多くの物品が納められているのです。〈表2〉をご覧ください。『日本歴史大事典』の別巻に収録されている「日本古代諸国物産表」のデータをもとに私がまとめた主な国の納品状況です。「…物産表」は、全国六十六か国の品目別納入実績を、繊維品、食器・容器、敷物類、食物、その他（染料など）に分類して集計したもので、平均すると一国あたり約四十品目となっています。表中の壱岐、対馬といったいわゆる「小国」といわれるところは一桁で、比較的豊かな国とされる美濃、阿波、紀伊、筑前など、多いところでは六十―七十品目となって

表２　「租庸調」に見る播磨の力

国名	繊維品	食器・用器	穀物類	食物	その他	計
播磨	18	42	1	19	13	93
太宰	11	8	1	23	32	75
美濃	9	40	1	12	13	75
阿波	16	2	2	32	14	66
紀伊	21	2	0	34	7	64
筑前	9	5	7	33	9	63
大隈	4	0	0	0	1	5
壱岐	0	0	0	4	1	5
対馬	0	0	0	0	1	1

（『日本歴史大辞典』日本古代諸国物産表より作成）

いますが、このなかで播磨だけが突出していて、実に九十を超える品目を納めていることが分かります。全国平均の二倍以上の大量納入ということになります。域内生産量が圧倒的に多く、しかもバラエティーに富んでいるということでしょう。変化に富んだ地形、気象条件の良さ、広いエリア、古来の高い技術力、まじめさ、人口の多さ、こういうことが高生産性に結びついていったのでしょう。「豊かな播磨」というイメージが、いち早く定着していきます。

こうした生産物は、もちろん、納税にだけ消費されるわけではありません。在地の人々の暮らしをより向上させるエネルギーにもなりますし、これら産物の交易を通して、播磨の経済力を高めると同時に、交易相手地域の生活向上にも大いに寄与することになるのです。この、交易を支えるのが、交通路です。播磨は古来、いわゆる「四通八達の地」と呼ばれており、メーンの山陽道をはじめ、山陰とを結ぶ但馬道、因幡街道、美作街道、京につながる丹波道に加え、海の道―つまり瀬戸内航路が開けています。これだけの交通網が交差している地域は、全国的に見てもまれな存在で、播磨は、最重要の交通の要衝ということになります。これも、豊かな播磨、要衝・播磨という地位を確固たるものにしているといっていいかと思います。

◇――魅力の「播磨守」―有力武将が注目

「豊かな播磨」というイメージが定着してきますと、それを狙った、というかその豊かさを我が物にしようという支配層の人々が出現してきます。その代表格が、「受領《ずりょう》」と称される地方長官です。

古代の地方長官は、「但馬守」「播磨守」「摂津守」などと称されます。受領と呼ばれるのは、平安期以降とされますが、彼ら受領にとって播磨は、大変魅力的な国になっていくのです。経済力が高く、受領の「実入り」がいいからです。

受領は、任地で得た財をもとに、当時のいわば公共事業とでもいうべき、例えば御所の造営・修築、寺院の建立等に競って当たります。これを「功《ごう》」と呼びます。当時は、この「功」を重ねることによって身分が上がるという特別な制度がありましたので、受領たちは十分な財力を蓄えることのできる国への任官を強く希望したのです。「功」を成すこと、つまり「成功《じょうごう》」によって、より上位の身分を獲得できるわけですから、実入りのいい国の受領は、やがてそのポストも高くなっていきます。

〝豊かな経済大国〟である播磨を管轄する「播磨守」は、当然、その財力は他の受領より豊かになり、「成功」の頻度も格段に増えてきます。例えば、皇室の発願する御願寺《ごがんじ》の代表格である六勝寺と呼ばれる六つの寺があります。白河天皇の法勝寺、堀河天皇の尊勝寺、鳥羽天皇の最勝寺、待賢門院の円勝寺、崇徳天皇の成勝寺、近衛天皇の延勝寺、この「勝」のついた六つの寺のことです。「播磨守」は、この六勝寺の造営をほぼ〝独占〟するほどの勢いを得て、やがて「受領の中の受領」として認知され、希望者が殺到するというありさまだったといいます。平家一門も、清盛の父・忠盛は念願の「播磨守」を獲得したのを機に、以後、大きく勢力を伸ばすことになるのです。清盛も父の跡を継いでいますし、そのライバル源義朝も、「播磨守」を所望していたといわれます。有力武将が播磨を所望したのに注目したいと思います。

受領の身分は、五位か、よくて四位です。彼らは、さらに上位を目指して「成功」を重ねていくのですが、公卿と呼ばれる三位以上の身分にはなかなか上げてもらえません。そうしたなかで、やがて「播磨守」は、「四位上臈《じょうろう》」つまり、もう一歩で「三位」という特別なポストとして認知され、播磨守を経て、念願の三位に昇進するというルートも開けていったと言います。

「播磨守」のポストがいかに重要か、またそれを希望する受領たちがいかに多かったかが推測されますし、これによって播磨がどれほど特別な地であったかがお分かりいただけると思います。

◇――悪党と赤松氏の登場―播磨が一大軍事拠点に

「成功」の例でみたように、確かに古代播磨は、豊かな大国でした。しかし、「豊かな播磨の富」の大半は、「三位」を目指す受領や、荘園領主によってごっそりと〝播磨国外〟に持ちだされていたというのも事実です。それは「荘園制度」という国家体制のなせる業で、せっかくの生産物も、地域に十分還元されてはいなかったということができましょう。これに疑問を感じ始めたのが、後に「悪党」と呼ばれるグループです。乱暴な行動で荘園領主らに敵対行動を取り、いかにも〝悪人グループ〟のような振る舞いをも見せるのですが、やがて「下地中分」など、荘園領主の力をそいで、在地勢力にとって有利な生産配分制度を確立していきます。悪党は、播磨や摂津といった農業先進地で多く発生し、ことに播磨においては、例えば相生・矢野荘の寺田法念、小野・大部荘の垂水繁昌といった人物が知られています。彼らは「国内名誉の悪党」などと称されるほど、その存在が広く全国に知れ渡っていました。そして、この悪党グループと深くかかわる一族が中世の播磨に出現します。それが赤松一族です。

赤松氏の出自ははっきりしませんが、鎌倉時代末期、則村（のち円心）の時代に、後醍醐天皇の鎌倉討幕の呼びかけに応じて、播磨・備前国境に近い苔縄（上郡町）で挙兵します。摩耶山（神戸）、尼崎などを経て京都に突入、苦戦の末、鎌倉政権に見切りをつけた足利高氏（のち尊氏）と連携し、幕府の六波羅軍を破り、「建武の新政」実現に最大の貢献をします。こうした赤松軍の進軍経緯の中で、注目しておきたいのが、〝摂津の入り口〟—摩耶山の合戦です。迎え撃つ鎌倉幕府の六波羅軍は、摂津への反乱軍の侵入を阻止すべく大軍を差し向けますが、赤松の〝ゲリラ戦法〟に翻弄され、完敗します。摂津、つまり畿内（首都圏）へ反政府軍が侵入すれば、政権の危機に直面しますから、何としてでも播磨・摂津の国境は死守しなければなりません。事実、ここが突破されたことによって鎌倉幕府は滅亡へ向かったわけです。

こうして後醍醐天皇の念願かなって建武の新政が成るのですが、やがて後醍醐帝と足利尊氏との確執が生じます。尊氏は西国に追われ、尊氏に与した赤松も追放されるのですが、この時円心は自城の白旗山（上郡町）で激戦の末、追討の新田義貞軍を食い止めるなど、尊氏に対し最大の支援をします。これに呼応して尊氏は、九州から反転攻勢を開始し、兵庫・湊川で赤松軍とともに後醍醐天皇側の主力である楠木正成軍などを破り足利幕府を開くこととなります。反政府軍の立場であった足利軍が、政権側の後醍醐天皇軍の追撃を食い止め、やがて政府軍を

赤松軍と新田軍の激戦地・白旗山＝赤穂郡上郡町

打ち破り「足利政権」を打ち立てるわけですが、「政府軍」、「反政府軍」という立場が、大きく劇的に入れ替わる中心舞台となったのは、実は、この播磨あるいは、播・摂国境と言っていいかと思います。播磨という政治、経済拠点は、同時に日本全体の軍事拠点になります。つまり、畿外にありながら畿内に最近接する播磨は、反政府軍にとっては政権奪取の最前線に、政権側にとっては政権防衛の最前線になる訳です。反政府行動を成功させるにも、また政権防衛を果たすためにも、まず播磨を押さえなければならないという状況が生まれます。そういう地政学的な位置に、播磨は置かれているということなのです。

　ところで、こうした赤松氏のエネルギーは、旧来の荘園制度に疑問を提示した「悪党勢力」などをも包括して、いわば「オール播磨の力」を結集することに成功した結果、生まれたものだといえます。この播磨の力なくして、足利幕府の誕生はあり得なかったでしょう。

赤松氏はその後、足利政権の中枢に入ります。幕府の政治は、政務全般を統括する「管領」と、最重要ポストの軍事・司法を統括する「侍所長官」を両輪として執行されます。管領職は細川、斯波、畠山の三家が交代で担当し、「三管領」と呼ばれます。「侍所長官」には、赤松氏をはじめ、山名、一色、京極という四家が交互に就任し、「四職」と呼ばれました。播磨を拠点にした赤松氏は、播磨守護として、この実力名家の一角を占めることになります。

中央における活動もさることながら、赤松氏の、地域における評価も特筆すべきものがあると考えます。それは、播磨という「大国」を、はじめて一体的に統治することに成功した豪族であるということです。

赤松円心像（上郡町・宝林寺蔵）

播磨は、もともとは古代の地方長官「国造」がそれぞれ支配していた主として明石川流域の「明石」、加古川流域の「播磨（針間）鴨」、姫路以西の「播磨」という三つのエリアからなっていました。確かに「播磨守」など中央権力による一体的な支配地ではありましたが、実際には、旧来の川筋にそった南北の縦軸エリアが、それぞれ独自の地域を形成し、なかば〝鼎立〟したような状況だったと考えられます。赤松氏は、在地権力として、これを初めて一つにまとめあげたということができます。このことは、これまで中央に吸い上げられていた豊かな「播磨の富」を、地域に蓄積できるというシステムを築いたことになります。それは、地域自身が、独自で「地域の力」を強めることを可能にするということを意味しています。一族はその後、「嘉吉の乱」で滅亡しますが、再び〝奇跡の復活〟を遂げ、播磨の一円支配を続けます。地域エネルギーを結集して、赤松氏は「中世日本」において一時代をつくり上げていくのですが、これらの動きは取りも直さず、播磨の軍事拠点としての地位を一層強固なものとしていくことになります。

◇――政権をかけた「播磨の合戦」

ここで、播磨における歴史上の合戦について、少し見ていきたいと思います。先ほど、播・摂国境に近い摩耶山における赤松軍と六波羅軍の攻防について、また、その後政権を獲得した後醍醐天皇の建武政府に追われた足利尊氏を支援した赤松円心が、上郡の白旗山で追討の新田軍と激戦を演じたことにも触れました。一三三三年から一三三五年にかけてのことですが、いずれも反政府軍の立場となった赤松軍にとって、播磨を渡さなかったことが政権奪取の第一歩

表３　「政権」をかけた播磨での主な戦

源平時代	
①　室山の合戦（1181）	平知盛・重衡 vs 木曽義仲・源行家
②　三草の合戦（1184）	源義経 vs 平資盛
赤松時代	
①　摩耶合戦（1333）	赤松円心 vs 六波羅軍
②　白旗山合戦（1335）	赤松円心 vs 新田義貞
③　城山城合戦（1441）	「嘉吉の乱」赤松満祐 vs 足利幕府軍
戦国時代	
①　上月合戦（1577 〜 78）	毛利 vs 織田（赤松政範、尼子勝久、宇喜多秀家、羽柴秀吉）
②　三木合戦（1578 〜 80）	別所長治 vs 羽柴秀吉
③　中国大返し（1582）	明智光秀 vs 羽柴秀吉

となり、逆に播磨及び播・摂国境での主導権を奪われた鎌倉幕府や建武政権にとっては滅亡への端緒となっている訳です。播磨を押さえることが、政権側にとっても、反政権側にとってもいかに重要な課題であるかが分かります。

こうした戦は、鎌倉以前の源平時代から、続いているのです〈表３〉。あまり注目されませんが、例えば、室津を舞台に戦われたとされる「室山合戦」（一一八一年）というのがあります。都を追われた平家軍が反転攻勢に転じ、落ち延びた九州から播磨の室津まで進軍してくるのですが、これを都の源氏一統が迎え撃ったという戦いです。平家は、平知盛、重衡を中心にした精鋭軍で、源氏は源行家、木曽義仲が出陣します。源氏軍は仲違いもあり、直前の水島の合戦に勝利して意気上がる知盛らの平家軍に完敗します。

平家は、この勝利によって政権奪回を確信したはずです。あらためて四国の屋島に本拠を構築、兵庫に進出して都への最終攻撃に乗り出します。しかし源氏軍は、源義経らを出陣させ平家の進軍阻止を図ります。このとき義経は、京から丹波を経て、播磨に進軍、今の加東市・三草に陣を張っていた平資盛との合戦に及びます。資盛にここを破られると源氏政権は危機に陥ることになりますが、義経の奇策が勝利を呼び、平家は、容易に播磨の防衛ラインを突破することができません。義経はさらに、有名な「鵯越の坂落とし」の奇襲をかけ、兵庫から須磨にかけて陣を張っていた平家軍の主力を四国、さらには壇ノ浦に追い詰め滅亡させます。一一九二年のことです。いずれにせよ、播磨での攻防が、源平決戦の帰趨を左右していたことになります。

播磨の軍事的位相をより鮮明にしたのは、戦国時代でしょう。「天下布武」を掲げ都に進出した織田信長と、中国の雄・毛利氏との対決が続く中、ちょうど両雄の接点となったのが播磨です。この地をどちらが押えるかで、政権の帰趨が決まるという状況が生まれます。その中でいくつかの重要な戦いが行われていることはご承知の通りです。

まずは、上月城の攻防があります。播磨・備前国境の上月城は、地理的な条件もあってもともと毛利方に属していましたが、信長の命を受けた羽柴秀吉が播磨に侵攻し、織田への帰順に同意しない上月の赤松政範を攻め滅ぼします。一五五七～八年のことです。上月城には、毛利に滅ぼされた尼子氏がお家再興をかけて入城しますが、やがて毛利方に奪還されます。この時、秀吉は、尼子の救出に向かおうとしますが、信長の命で上月を〝見殺し〟にしてしまいます。これは、ご承知のように秀吉陣の足元・三木で別所氏が反乱を起こし、その対応に専念するためでした。

この三木合戦も播磨の覇権がかかった戦でした。ここで敗れると、信長の天下布武は頓挫しかねません。二年がかりで三木城を落とした秀吉は、続いて姫路城主として姫山に三重天守を持つ城郭を築きます。西国初の有天守の城郭です。そして、播磨全域、さらに鳥取、淡路も鎮圧、足場を固めたうえでようやく本題の毛利攻めに掛かります。ところがそのさなかに明智光秀による本能寺の変が起きます。一五八二年です。秀吉は空前の中国大返しを敢行し、光秀を討ちますが、この一大軍事行動で〝中間基地〟として播磨・姫路が果たした役割は計り知れないものがありました。

秀吉が築城した三重の姫路城模型
（姫路市立城郭研究室提供）

秀吉は、姫路城主としてほぼ天下を手中に収めることに成功し、やがて新しく造営した大坂城に移りますが、その後任の姫路城主には、最も信頼していた異父弟の羽柴秀長を、但馬・出石城主と兼任で当てます。秀長が大和郡山に移った後には、正室おねの実兄、木下家定を配しています。秀吉は、西国からの脅威に立ちはだかるように、信頼厚い身内を、いわば〝政権防衛軍〟の西の総司令官として姫路に配します。姫路・播磨が、政治的、軍事的にいかに重要かを決定的に知らしめる人事起用といっていいでしょう。

このようにして播磨・姫路の、要衝としての位置づけが固まり、定まっていきます。そして、近世の姫路城、すなわち、現在の世界文化遺産姫路城が、政権最強の砦として新たな姿を現すことになる訳です。

◇――政権防衛、時代転換のシンボルとして

現在の姫路城を築いたのは、関ケ原合戦のあと、三河吉田（豊橋市）十五万石から五十二万石に大幅加増され、姫路に入封した池田輝政です。徳川家康の娘婿に当たります。当時は、大坂にはなお豊臣勢が残存し、姫路以西には反徳川勢力が領地を構えています。新しいパワーバランスのもと、輝政は、姫路・播磨の歴史的位相―つまり、政権側にとっての政権防衛の最前線、反政府軍にとっては政権奪取の最前線という地政学的ポジションを熟知した上で姫路入り

したはずです。徳川家康も当然そのことを前提に新配置を決定しているのです。こうした政治・軍事状況を踏まえて輝政は、新たな姫路城の造営に着手するのです。

ここで、慶長期における池田一族の版図を見ておきましょう。これまでは、輝政の播磨五二万石と、その後に加増された備前（輝政二男・忠継二八万石）、淡路（三男・忠雄六万石）の三国と見られがちですが、私は、輝政と同時に実弟の長吉に因幡六万石が与えられたことに大きな意味があると考えています。この因幡を加えることによって、山陰道、山陽道、瀬戸内海という西から日本中央部に通じる〝大動脈〟を遮断することが可能になります。輝政は入封後二割打ち出し、つまり二〇パーセントの大増税を行っていますので、一族合わせると、百万石強。最大級の禄高を誇る巨大勢力が、北は日本海から南は瀬戸内、太平洋にも至る南北の分厚い「防衛ゾーン」を形成したと考えられます。輝政が「西国将軍」と称されるゆえんです。

防衛ゾーンの中心が姫路で、輝政はその重要性を見せ付けるための城郭を築こうとしたはずです。そこには他の城に類を見ない建築手法が施されています。まず①城は「黒」という常識を打ち破った「白色」を採用し、②天守の常識を覆す「連立天守方式」、③上すぼみで〝富士山型〟といわれる超スマートな大天守閣を建ち上げ、④様々な構造物が重なり合う重層構造の美、⑤書院造の技法を用いた品格の演出―などといった独特の建築コンセプトを随所に取り入れています。

世界文化遺産・国宝姫路城の連立天守群

これらのことが結集して、「最も美しい城」というイメージを現出させるのですが、この美しい城は、単に「美意識」を追求しただけのものではなく、時代の「統治思想」を表現したものでもあるのでしょう。時代は、戦いに明け暮れた「戦国期」から、戦のない平和な「偃武の社会」に入ります。「武」によるハードの統治が終焉を迎え、「美」「知」といったソフトな統治概念が求められるようになってきたわけです。その象徴として、輝政は「美しい城」にこだわったと解釈されます。防衛拠点として、難攻不落の構造とともに、攻める意欲をそぐような美しさをも追求したのではないでしょうか。

姫路城下には、独特の縄張り—都市設計が施されています。「螺旋の縄張り」「渦郭式」と称されるもので、巨大な渦巻きのラインの中に城郭、武家屋敷、町人屋敷を配したいわゆる「総構え」の都市設計です。ラインは渦巻状に穿たれた「堀」で仕切られるのですが、こうした渦巻きの堀を持つ城は、姫路城と、江戸城しかありません。同時に注目すべきは、その渦の巻き方です。姫路は「左巻き」に、江戸は「右巻き」に、それぞれが意識的に呼応したように掘られているのです。ちなみに、天守の色も、姫路、江戸ともに、ほとんど例のない「白」を採用し、〝同類の城〟をアピールしているようにも思えます。

左右の渦巻という独特の堀の形状について、いろんな見方がありますが、私は、この渦を「政治の意思」「統治の気運」を示したものと考えています。江戸の渦は右に回りながら、大坂の豊臣家と全国を席巻しつつ、主として中部、東北をにらみ、姫路の左に巻いた渦は大坂と、中・四国、九州に向けられたものだと解釈しています。ともに白い城でもあるし、両城が、あまりにも似通っていて、見事に対を成す造り方をしていることから、そんなふうに思えるのです。

姫路城は、こうした歴史的、地理的背景のもと、政権防衛をアピールする巨大構造物として、また、時代の転換を画するモニュメントとして築かれたといえましょう。戦を遠ざけるために、美にこだわり続けた結果、「人類の傑作」として、人々が感動を覚える「光を放つような輝きとフォルム」を持った城郭がここ姫路・播磨に出現した訳です。これが、わが国初の世界文化遺産が当地に存在する理由ということになります。

失われた姫路城と城下町

CGによる復元

志賀 咲穂
安枝 英俊

失われた姫路城と城下町　―ＣＧによる復元の意義

志賀　咲穂

◇――はじめに

平成二十七年度から三年間、播磨学研究所が中心になって文化庁の補助事業「世界遺産姫路城公式ガイドツール整備」を行ってきました。事業内容は初めてとなる公式ガイドブックの制作、近年進歩の著しいデジタル技術を活用したコンピュータ・グラフィックス（ＣＧ）による姫路城と城下町の復元、そしてこれまでの研究成果を公開するホームページの構築でした。今日は、取りまとめに当たった私から、ＣＧで復元する意義をお話ししたいと思います。

ＣＧによる復元には三つのテーマがありました。まず、当時の城下町の景観の復元です。これは兵庫県立大学大学院シミュレーション学研究科の永野康行教授、同大学環境人間学部の安枝英俊准教授、千葉大学大学院の加戸啓太助教を中心に院生、学生たちの手で実現しましたので、安枝先生から紹介していただきます。二つ目は三の丸向屋敷にあったことが知られている大名庭園と唐笠の間の復元です。これは日本庭園史研究者である西桂先生と県立大大学院の永野先生に発表していただきます。三つ目は三の丸御本城の内観の復元です。その詳細については御本城建物の復元を担当していただいた福井工業大学多米淑人教授、名古屋城障壁画の研究を元に御本城の障壁画を検討していただいた学芸員の朝日美砂子さんと、障壁画を描いていただいた文化財修復の専門家荒木かおりさんに詳しく紹介していただきます。

◇――姫路城もう一つの顔

私の専門領域は建築で、しかも建築史ではなく建築計画です。歴史中心の播磨学講座では全くの畑違いですが、違う切り口から姫路城を見るのも一興ではないでしょうか。

唐突ですが「建築の三要素」から話を始めます。古代ローマ、ジュリアス・シーザーの時代にウィトルウィウスという建築家がおりました。彼の設計した建築は定かではありませんが、『建築十書』という著書は世界初の建築全般の技術書として有名です。その冒頭に、建築は「強さと用と美の理が保たれるようになされるべきである」（森田慶一訳註『ウィトルーウィウス建築書』東海大学出版会：東海選書）と記されています。これが建築の三要素「強・用・美」です（図1）。

姫路城をこの三要素で見てみます。城が戦いに強くなければならないのは当然ですが、池田輝政の築城から四百年以上建ち続けている木造高層建築が証明しています。また「美」についても誰もが認める「連立式天守の比類なき美」を、世界文化遺産登録にあたって「人間の想像的才能を表す傑作」と評価されたことで明らかです。

それでは残る「用」について考えてみましょう。城の用はまず軍事であり姫路城も常に難攻不落の城として説明されます。しかし、それ以外の役割について語られることはあまりなかったのではないでしょうか。

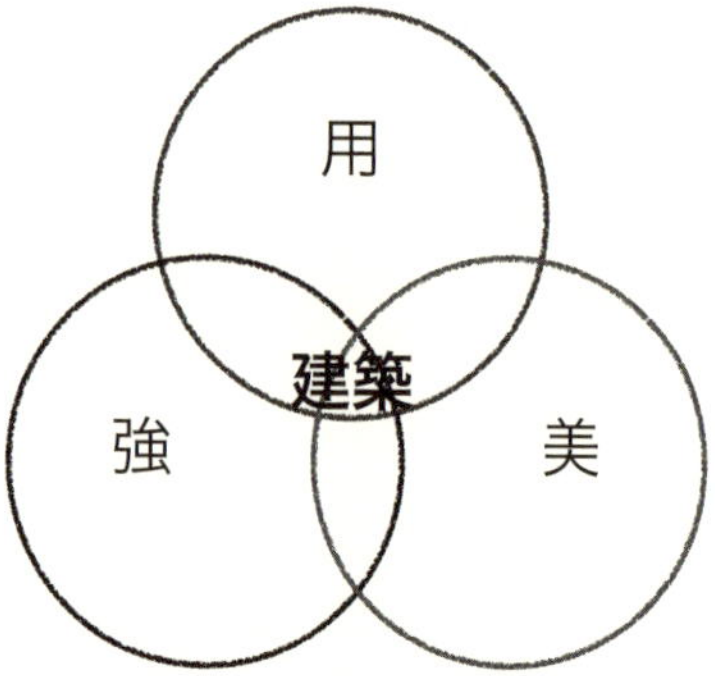

図1　建築の３要素

「城《しろ》」という言葉は元来「人間が集まり住む場所」を表しており、必ずしも軍事的な要素ばかりを指してはいませんでした。つまり領主を中心とした住まいや集落のことでした。ところが室町頃から戦国の時代になると武士が各地に群雄割拠して領地争いを繰り返し、砦として軍事的様相の強い城が必要になりました。姫路城の先駆である赤松や黒田の城はそれに当たります。

織田信長が天正四年（一五七六）に建てた安土城は、天下統一のシンボルという役割を加えたとはよく言われますが、まだ国の中の争いが終わったわけではありませんでしたから、依然として軍事用だったでしょう。羽柴秀吉が天正八年に築城した三層の姫路城天守も、西国の毛利軍を攻める軍事拠点でした。慶長五年（一六〇〇）の関ヶ原の戦いで徳川家康を頭とする東軍が勝利し、家康の娘婿池田輝政が姫路城主として翌年から八年をかけて姫路城を築城しましたが、それも西の強国の進出を押さえるためであり、まだまだ旧豊臣政権の勢力と徳川政権のせめぎ合いが残る時代でした。

しかしわずか十五年後、慶長二十年（一六一五）の大坂夏の陣で徳川の天下が確立すると、元号が元和と改元され、徳川幕府は武家諸法度や一国一城令を発して「争いのない時代になった」ことを宣言しました。いわゆる元和偃武《げんなえんぶ》です。元和三年（一六一七）池田家に代わって姫路城に移封された本多忠政は、この時期に新たな城郭を加え始めます。よくご存知のように嫡男忠刻に輿入れする千姫のための西の丸曲輪や三ノ丸の武蔵野御殿、そして御本城、向屋敷などです。これらの御殿はもはや軍事の城ではなく「政《まつりごと》」の舞台となりました。ここに城の「用」の大転換があったと言えるのです。

写真１　姫路城三の丸広場

今、姫路城三の丸は観光客が立ち止まって記念撮影する広大な広場になっています（写真１）。訪れた人たちは美しい天守をバックに写真を撮った後、一目散に菱の門前の入城口を目指します。三の丸に政事の舞台となった華麗な御殿があったことを思い浮かべる人など、ほとんどいないでしょう。

現在私たちは京都の二条城や、熊本城本丸御殿、名古屋城本丸御殿などで、政事の場としての城郭建築を眼にします。今回CGで姫路城の失われた部分を復元したのは、姫路城にもこうした政事の舞台としての顔があったことを理解していただくためと言っても過言ではありませんでした。

◇――中根家大絵図から見えてきた三の丸の御殿群

姫路市立城郭研究室の工藤茂博さんらが発見し平成九年（一九九七）に公開された中根家大絵図（正式には「播州姫路城図」元禄十二年（一六九九）～宝永元年（一七〇四）大分市中根忠之氏蔵）には、それまで断片的にしか知り得なかった姫路城内曲輪の建物群の間取りが実に詳細に描かれ、柱の位置までも読み取ることができます。この図をみれば建築の専門家なら大概どんな建物であったか想像ができますし、復元したいという欲望を抑えられなくなるでしょう。

今日は御本城の復元を中心に話を進めますが、姫路城の内曲輪の南半分を占める三の丸には、御本城、武蔵野御殿、向屋敷と、厩や蔵など多数の建物がありました。家康の孫娘千姫のために設けられた武蔵野御殿は、遠く離れたふるさと武蔵野のススキが描かれたためそう呼ばれたとされています。

また、向屋敷は三の丸の東側大半を占め、数寄屋造りの御殿と大きな大名庭園があったことが大絵図で確認されます。向屋敷には、中央に唐笠之間という大空間をもつ御殿があり、藩主がくつろいだり、接客のために用いられました。また、今姫路城にはない池泉回遊式の大名庭園があったことも分かり、今回、大空間唐笠之間の構造解析とともに庭園の復元を試みることにしました。

大絵図とともに在りし日の三の丸を知る手がかりとして、越前市大谷恵一氏所蔵の「姫路城図屏風」（寛保元年［一七四九］以降）の立体図があります。今日ならドローンでこのようなアングルも容易に知ることが出来ますが、そんな術のない当時として、驚異的によく描かれています。この絵図は長い間姫路城の図だとは思われていなかったそうですが、特に三の丸御本城に着目してみますと、大絵図の建物配置にかなり一致していて、よほど城内に詳しい絵師が描いたと思われます。このような絵図から、少しずつですが姫路城の失われた部分が明らかになってきます。

これらは研究上大変有益な図なので、多くの研究者が繰り返し細部を観察できるように、高精細な写真撮影をして「姫路城アーカイブ」に保存させていただきました。

◇――御本城を復元する

さて、中根家大絵図の三の丸御本城は一見非常に入り組んだ建物です。しかし部屋の名前からその用途を類推して見ていくと、藩主の居間や、食事などを賄う台所、御勝手、お風呂などのいわゆるオクと、虎ノ間・鶴ノ間・小書院・新小書院と連なる座敷群からなるオモテに分かれることがわかります。オモテの座敷群は空を飛ぶ雁のように雁行《がんこう》していて、二条城二の丸御殿や桂離宮などに見る典型的な書院造であったことを示しています（図2）。

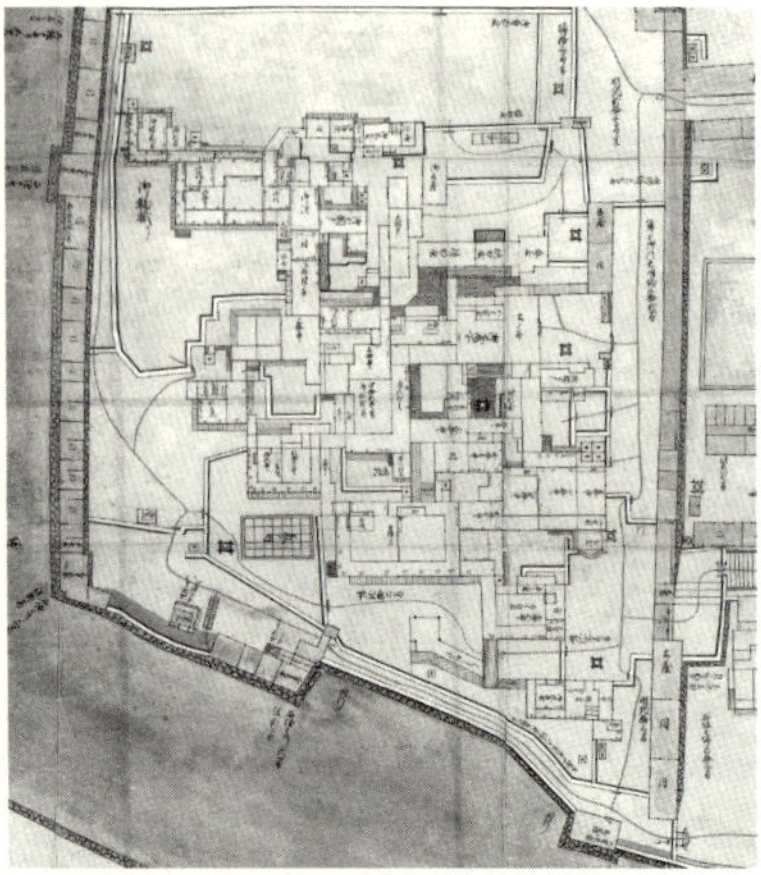

図２　播州姫路城図　御本城部分

CGとはいえ出来るだけ正確に再現する必要がありますから、県立大学の先生方と相談して、日本建築史、特に城郭建築の専門家、福井工業大学福井城郭研究所の吉田所長と多米教授と共同で復元に取りかかりました。

また、復元にあたっては参考にする史料を城郭研究室の工藤さんにお願いし、可能な限り沢山目

表　復元の根拠に用いた史料一覧

資料名（時代順）	所蔵または出典	作成者／作成年代	形式
榊原家文書の内 姫路日記（１）	上越市立高田図書館／城郭研究室・工藤茂博による翻刻手稿	榊原忠次／慶安5（1652）～	日記
松平大和守日記	芸能史研究会編「日本庶民文化史料集成　第12巻」三一書房	松平直矩／寛文4（1667）～	日記
播州姫路城図(大絵図)	大分市中根忠之氏蔵	不明／元禄12（1699）～宝永元（1704）	城内全図 間取図
榊原家文書の内 姫路日記（２）	上越市立高田図書館／城郭研究室年報10・11	榊原政祐／享保16（1731）～	日記
姫陽秘鑑より急心録	姫路市史編集室	不明／万延元（1860）～慶応元（1865）	間取図 順路図
玄武日記	城郭研究室年報12～20	酒井忠以／安永6（1778）～天明9(1789)	日記
姫路城在城中勤要録	日下雄一郎氏蔵	日下則種／慶応3（1867）	座席図
御本城鶴之間・即是堂・好古堂等図面	熊谷次郎氏蔵	不明／幕末期	間取図
姫路城内略記	岡山大学附属図書館蔵池田家文庫	不明／幕末期か	室名及び畳数
橋本政次「姫路城史」の図	橋本政次「姫路城史」	橋本政次写／昭和27（1952）頃	間取図

を通しました（表）。

当然基本になるのは中根家大絵図です。畳割はありませんが畳数の記述もあり、柱の配置や建具の種類も記載されています。大絵図以外で図が示されたものは、いずれもかなり時代が下り酒井家時代のものです。『姫陽秘鑑』の急心録は作成時期が不明ですが、分割して描かれている図を合成すると、見事に雁行する表座敷や、藩主の巡覧ルートが見えてきます。また、日下雄一郎文書と呼ばれる史料の中には、幕末期の御本城、向屋敷、東屋敷などの様々な儀式の際の座席図を収録しています。

そのほか、鶴ノ間の平面は熊谷家文書にもあります。また、橋本政次著の『姫路城史』には御本城の幾つかの平面図が掲載されています。

あとは日記等ですが、最も城内の様子を伝えているのは酒井忠以の『玄武日記』です。特に向屋敷庭園の復元はこの日記の記述を決め手として実現できました。

ところで、御殿を復元するのにいつの時代にするか決めなければなりません。実は手始めにCG復元チームのメンバーと西の丸化粧櫓を見学中、障壁画の専門家朝日さんが、長押上の小壁に「四分一」の存在を指摘されたのです（写真2）。四分一とは壁の入り隅に設ける障壁画を押さえるための細い木枠ですから、そこに絵があったことを示しているのです。長押上まで絵があるのは元和・寛永という一時期の障壁画の特徴です。本多忠政が西の丸や三の丸を手がけたのはまさに元和・寛永期。この時代こそ障壁画最盛期であり、狩野探幽などが活躍し作風も明確で、今回の障壁画の復元にふさわしいということになりました。

写真2　西の丸化粧櫓

この後も様々な条件整理をし、方針を決定しながら復元を進めていったわけですが、詳しいことについては、各先生方の講義に委ねたいと思います。

◇――復元は謎解きの面白さ

ＣＧによる復元の意義を説明はこの辺りで語り尽くしたわけですが、復元作業に携わったおかげで、歴史資料をもとにした謎解きの面白さを数多く経験しました。そのこぼれ話にいま少しお付き合い願います。

今回の復元範囲には含めませんでしたが、中根家大絵図の御本城には能舞台があります。

能舞台は鶴ノ間の南庭に設けられ、橋掛かりが廊下状の「鏡の間」と思われる板の間に続いています。鏡の間は虎ノ間の入側南西角に取り付いているのですが、虎ノ間をよく観察すると、南東角に「敷台」と書かれた区画があります。敷台とは玄関の上がり口の板敷きのことですが、大絵図では別に立派な唐破風のある玄関に敷台がある上、虎ノ間の方の敷台は外側中央に柱を立てて閉鎖されているようです（図３）。

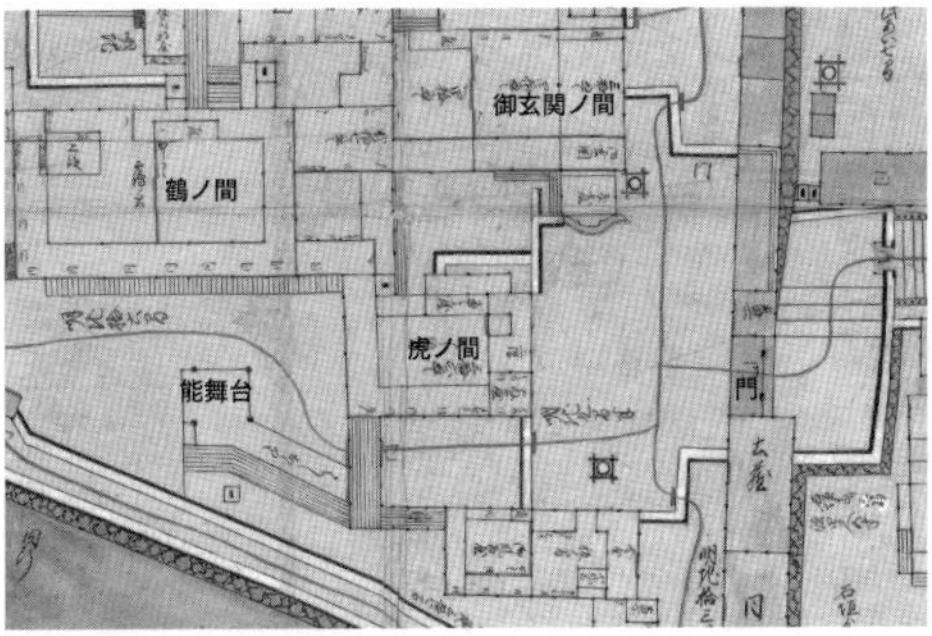

図３　播州姫路城図　能舞台と虎ノ間部分

そもそも、虎ノ間は玄関に近く設けられる客人の控えの部屋で、訪問客を見張るように猛獣である虎の絵で部屋を飾っていたのでそう呼ばれました。元々玄関の間として建てられた虎ノ間が、ある時に改造されて能舞台を見る座敷となったとも考えられます。だとすると、虎ノ間が改造されたのは能舞台の設営と同時期と考えるのが妥当でしょう。ではそれはいつだったのでしょう。

そこで、古文書の登場です。まず松平直矩《なおのり》の「松平大和守日記」です。直矩は幼少を理由に一旦越後村上藩に国替となり、十八年後の寛文七年（一六六七）再び姫路に入封した藩主です。十七歳から死去する五十四歳までの彼の日記は、多彩な芸能への関わりが書き示され、当時の芸能文化を知る上で貴重な史料になっています。姫路入封一か月後の寛文七年九月二十二日の日記に、「祝能興行侍共見物云付、大書院上ノ間ニて予見物、（略）廊下ニ至虎ノ間与力大役人以下見物」とあって、虎ノ間が客席として使われたこと、大絵図通りの場所に能舞台があったことを示しています。しかし、入封後一か月で能舞台や虎ノ間の増改築は無理でしょう。

その十五年前、慶安二年（一六四九）に入封した榊原忠次が、慶安五年（一六五二）に将軍家綱の宣下を祝って姫路城で祝能を開催したことが「榊原家文書姫路日記」に残っています。こちらの舞台がどこに造られたかは明確ではありませんが、「御祝儀之御能卯刻ヨリ酉刻終ル、御代官小野長左衛門於　鶴間御対面持参有（云々）」とあり、鶴ノ間が出てくることからおそらく同じ位置に能舞台があったのでしょう。その三年前に四十五歳で姫路に入封した忠次には、時間的余裕や豊かな経験があり、幼年の家綱の傅役《ふやく》（お守り役）を勤めた忠次には何よりも新たに能舞台を作る大きな動機があったと言えます。

忠次より以前の藩主松平忠明についての史料は得ていないのですが、榊原忠次がこの祝能の際に初めて舞台を設けて虎ノ間の周りを改修したのであって、本多忠政の御本城にはまだ能舞台はなかったという仮説を立てたのですが、いかがでしょうか。

また、参照した史料間で違う部分が色々見つかりました。一番問題になったのは、鶴ノ間上之間南入り側境の柱の数でした。この点については多米先生から詳しくお話があると思うので、そちらに譲るとして、他の面白い点をいくつかご紹介します。

『姫陽秘鑑』には虎ノ間の西半分しか描かれていませんが「御床」があります。一方、中根家大絵図では東半分に「畳床」はあるものの、西に床の書き込みがありません。橋本政次氏の『姫路城史』には二つの床が並んだ図が示されていますが、虎ノ間は一室ですから変ではないか。さらに、西の「御床」の直ぐ裏に便所も少し変です。色々頭をひねりましたがよく分からず、結局襖四枚で区切られた小部屋と考えることにしました。警護の侍が潜む部屋だったのかも知れません。一見押し入れのように見えますが、奥行きが一間あるので横長の六畳です。中根家大絵図にはこのようにまだまだ分からない所があります（図4、図5）。

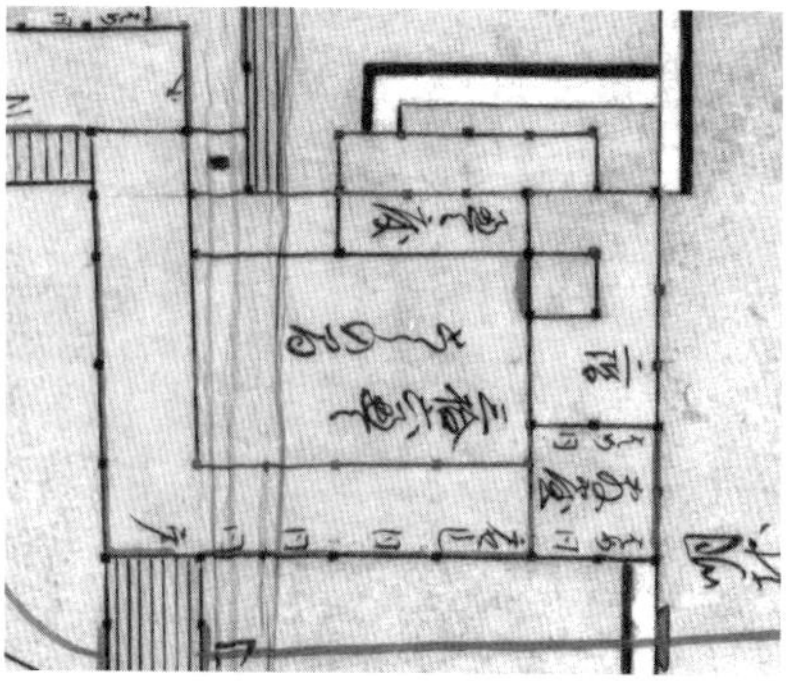

図４　播州姫路城図の虎ノ間部分

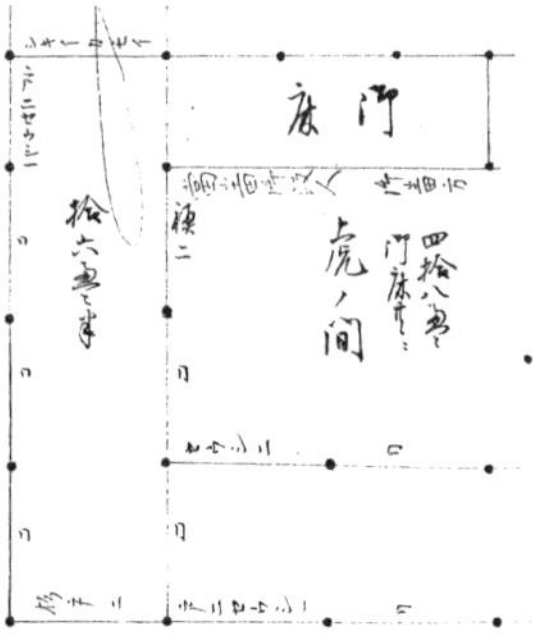

図５　姫陽秘鑑の虎ノ間部分

また、『姫陽秘鑑』や『玄武日記』には「雁ノ間」という名の部屋が記されており、虎ノ間や鶴ノ間と同じように障壁画の画題として雁が描かれていたのでしょう。ところが中根家大絵図ではそのような部屋名はなく、戸や襖で部屋として区画されていません。酒井藩の時代になって区画されて雁の絵が描かれたのでしょうが、本多忠政の築造時にはなかったと思われます。

同じように、『姫陽秘鑑』にある居間と御対面所の間の廊下も中根家大絵図には描かれていません。酒井忠以の『玄武日記』天明元年九月九日の条には、「天守へ相越、菱之門内ニ而下輿、天守見分、備前丸・井戸曲輪・山里・中少丸、夫より歩行ニ而本丸へ相越、新廊下より勝手坐敷・黒書院・白書院・鶴之間・雁間・虎之間・玄関・舞台・宰相之間、月見櫓より居間帰坐（略）」（姫路市城郭研究室編「城郭研究室年報」第17号70頁）と記されていますので、酒井藩の初期に新廊下が設けられたと考えられます。

ところで、この「新廊下…黒書院・白書院・鶴ノ間…」という藩主忠以の巡覧ルートを『姫陽秘鑑』の図と照らし合わせると、新小書院＝黒書院、御書院＝白書院となるはずなのですが、日下雄一郎文書には御書院（小書院）を黒書院と記している図があります。一般的には、白書院より黒書院は奥にあって藩主の私的空間に近いとされますが、二条城二の丸御殿には奥に白書院がありますので、日下文書の誤記とも言えないようです。

この同じ箇所でもう一つ面白いことに気がつきました。忠以は三の丸の御殿を「本丸」と記していることです。私たちは天守のある場所を本丸と呼んでいますが、酒井忠以の時代には三の丸御本城を本丸と呼んでいたようです。呼び名も時代とともに変わることが分かりました。

◇――まだまだある研究課題

御本城の建物を復元するという目的で、古文書の絵図や藩主の日記などを詳しく読む機会を得ました。確固たる復元のために十分な資料が得られたわけではありませんが、比較対照することで見逃してきた疑問点がたくさん見つかりました。姫路城研究のテーマはまだまだたくさん残っています。特に、日記類に描かれている藩主たちの日常の生活行動、繰り返される儀式を読み解いていくと、絵図や図面では描ききれない事実が見えてきて、よりリアルな復元が可能なのではないかと強く感じました。

今回の復元は最初の一歩です。これを機にもっと新しい史料が見つかれば、より真実に近づけるはずです。一口に姫路城と言っても三百年の間に様々な変遷がありました。そうした時代変遷も見てみたい。成果のＣＧを大きな画面やＶＲ技術で体感することができればいい。いつの日か御本城や向屋敷庭園が再現できたらなど、夢は広がります。

失われた姫路城と城下町　―ＣＧによる城下町の景観復元

安枝　英俊

◇――ＣＧによる城下町復元の概要

三六〇度のパノラマ画像を再現する地点として、①中ノ門筋、②札の辻、③那波本陣、④武家屋敷、⑤備前門の五地点を取り上げました。姫路城への来訪者の多くは、姫路駅から大手前通りという南北のメインストリートを通り、姫路城を見学後は、再び大手前通りを通って姫路駅に行くことが多く、城下町を回遊してから姫路駅に行くことは非常に少ない状況です。

そこで、ＣＧで城下町を復元するにあたっては、かつての城下町のメインストリートであった中ノ門筋を起点として街区整備がおこなわれていたことなどを知ってもらうために、中ノ門筋を選定しました。

札の辻付近については、中ノ門筋と本町通りの交差点に、人が集まる高札場があったことや、中ノ門越しに姫路城が見える通り景観を再現するために選定しました。

那波本陣については、那波本陣のあった西二階町通りに本陣や脇本陣が多く建てられていた

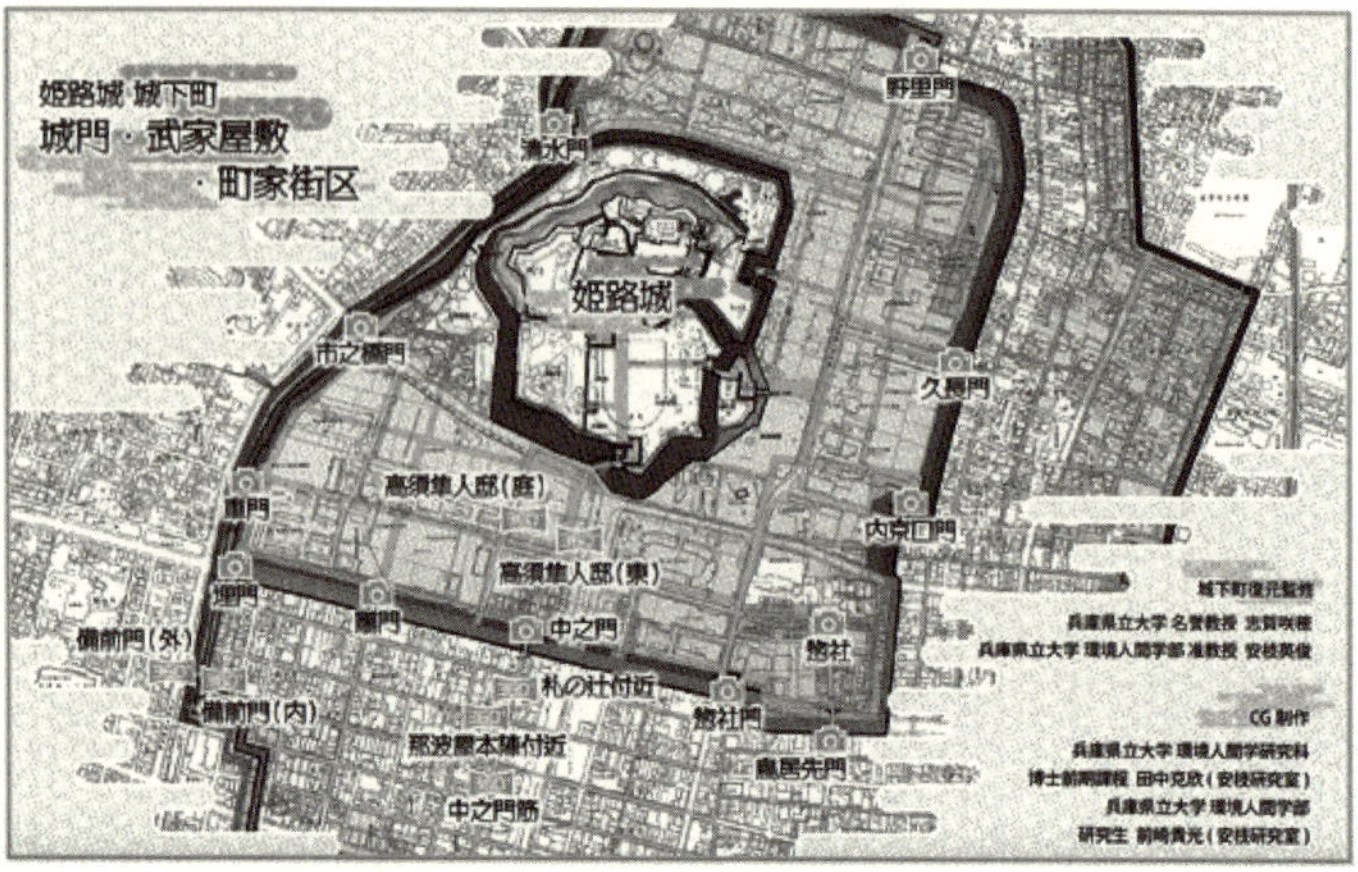

図１　城下町地図

ことや、西二階町通りにおけるパノラマ画像を作成することで、姫路城への来訪者が西二階町商店街を訪問する機会となることを意図しています。

武家屋敷については、高須隼人邸を選定しました。高須隼人邸の跡地は、現在、家老屋敷跡公園としてオープンスペースになっており、高須隼人邸の庭園越しに、姫路城がどのように見えたのかを再現することにしました。

備前門については、二〇一七年に石垣が発掘され話題となったことや、中ノ門筋から、東西方向に来訪者が回遊することを意図して選定しました。

◇――中ノ門筋の通り景観

パノラマ画像を作成するにあたり、町家の瓦、格子、虫籠窓など細かい部位のデータを詳細に作成すればリアリティは高まりますが、あまり細かく作成するとデータが重くなってしまって、操作をすることができなくなります。このあたりは作業を担当した大学院生に試行錯誤を重ねながら検討してもらいました。また、町家については、三間、四・五間、五・五間という三つの町家を基本形として、それぞれについて 軒高の大きな町家、小さな町家を作成し、通り沿いに配置しました。三間、五・五間については角地モデルと側面板張りモデルも作成しています。建物を配置する際には、隣接する町家の屋根にけらばが重なることや、通り庇の高さが揃うようにしました。

町家・間口３間・出格子閉・側面板張りモデル

町家・間口 4.5 間モデル
（左：出格子閉モデル、右：出格子開モデル）

町家間口 4.5 間・出格子閉・角地モデル

図２　作成した町家のデータ

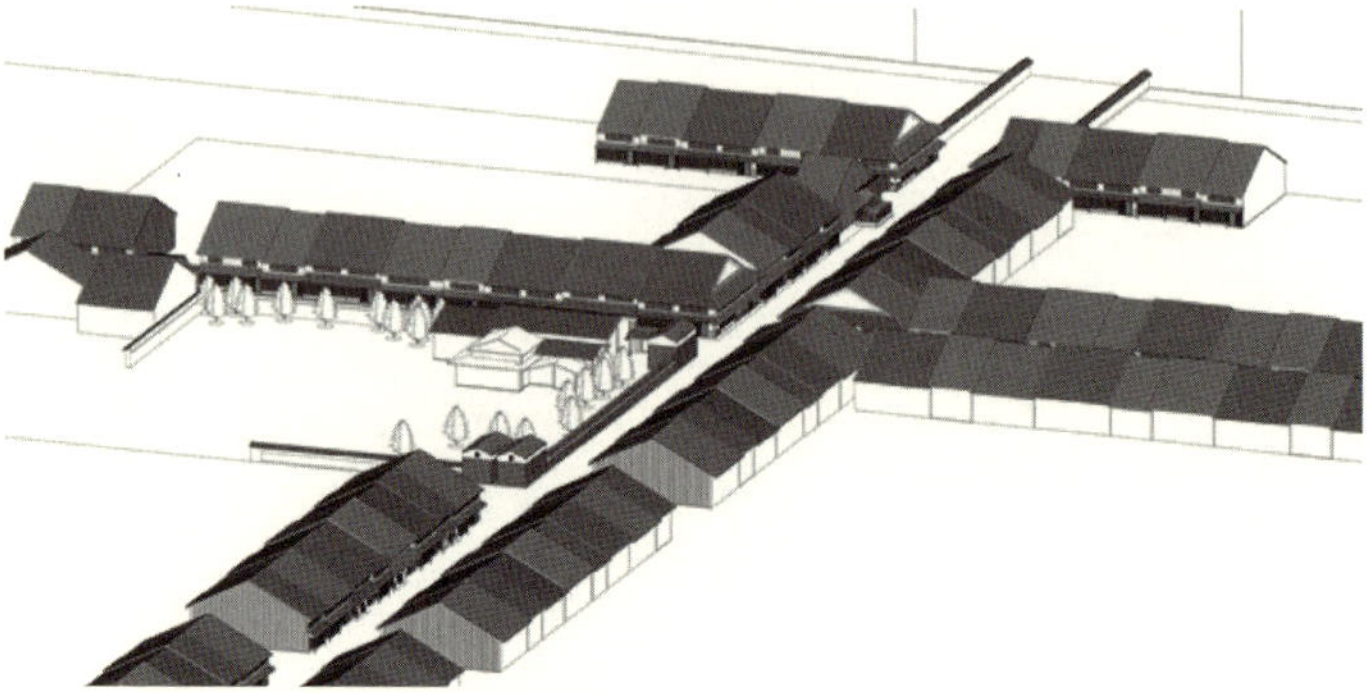

図３　中ノ門筋に配置された町家のデータ

図４　中ノ門筋の通り景観

◇――札の辻付近の通り景観

札の辻の通り景観については、高札場を含む通り景観としています。高札場については、「唐樋札場跡」の発掘調査をもとに、江戸時代のものと同じ位置、同じ規模で復原された萩市の唐樋の高札場を参考資料として作成しました。

図５　高札場のデータ

図６　札の辻付近の通り景観

◇——那波本陣の通り景観

西二階町における那波本陣通り景観は、『姫路市史・第三巻本編近世1』における「国府寺・三木・那波各屋敷の所在地」を参照し、那波本陣前を視点場としました。本陣を復元するにあたっては、姫路市史に掲載された平面図を参照しつつ、他の城下町に残っている本陣の空間構成を参照しながら検討しました。

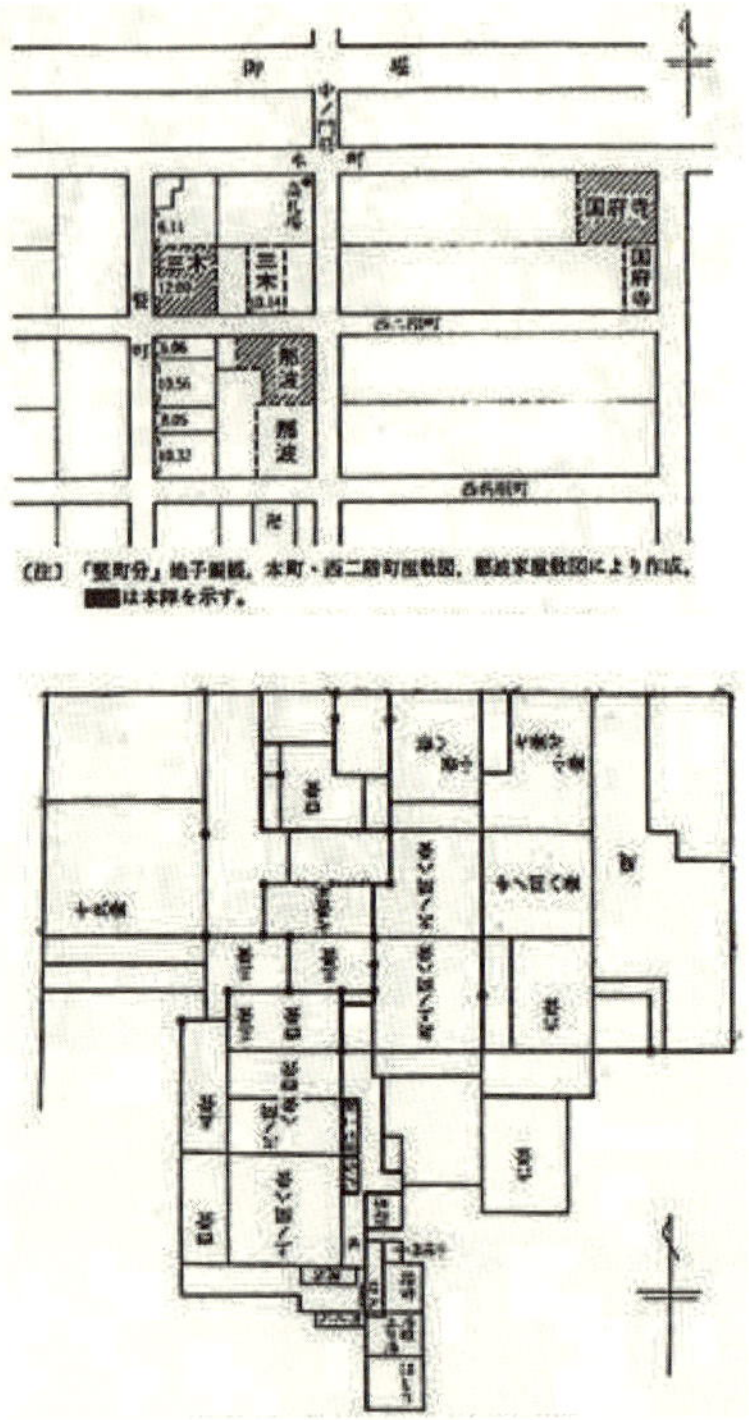

図７　那波本陣の位置と平面図（出典:『姫路市史・第三巻 本編近世 1』1991 年）

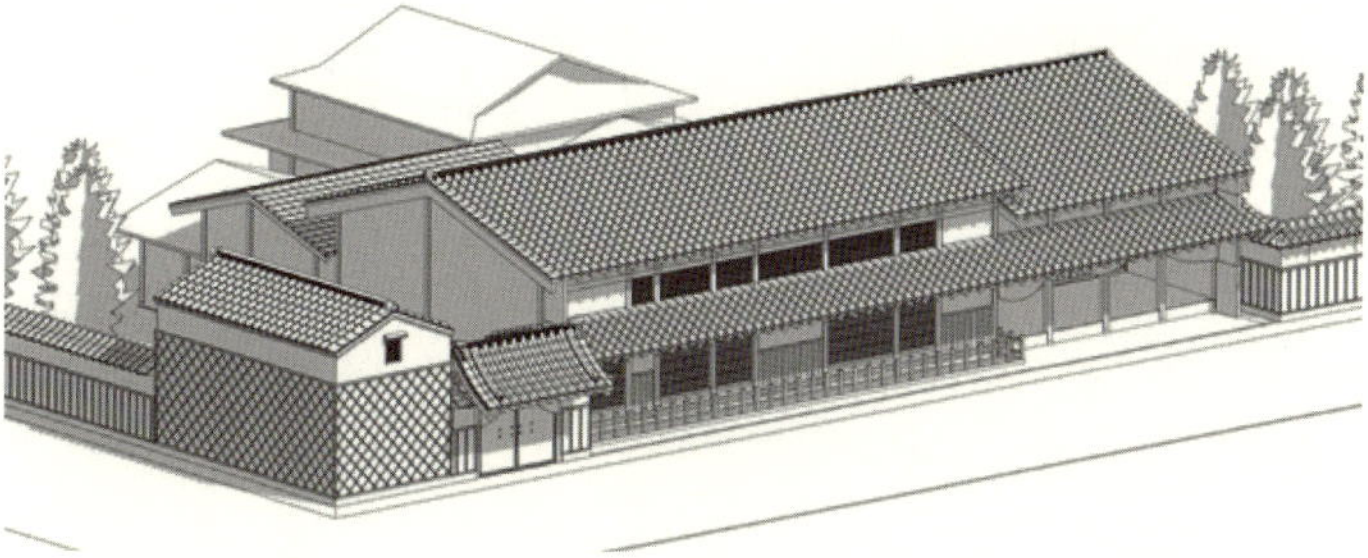

図8　那波本陣のデータ

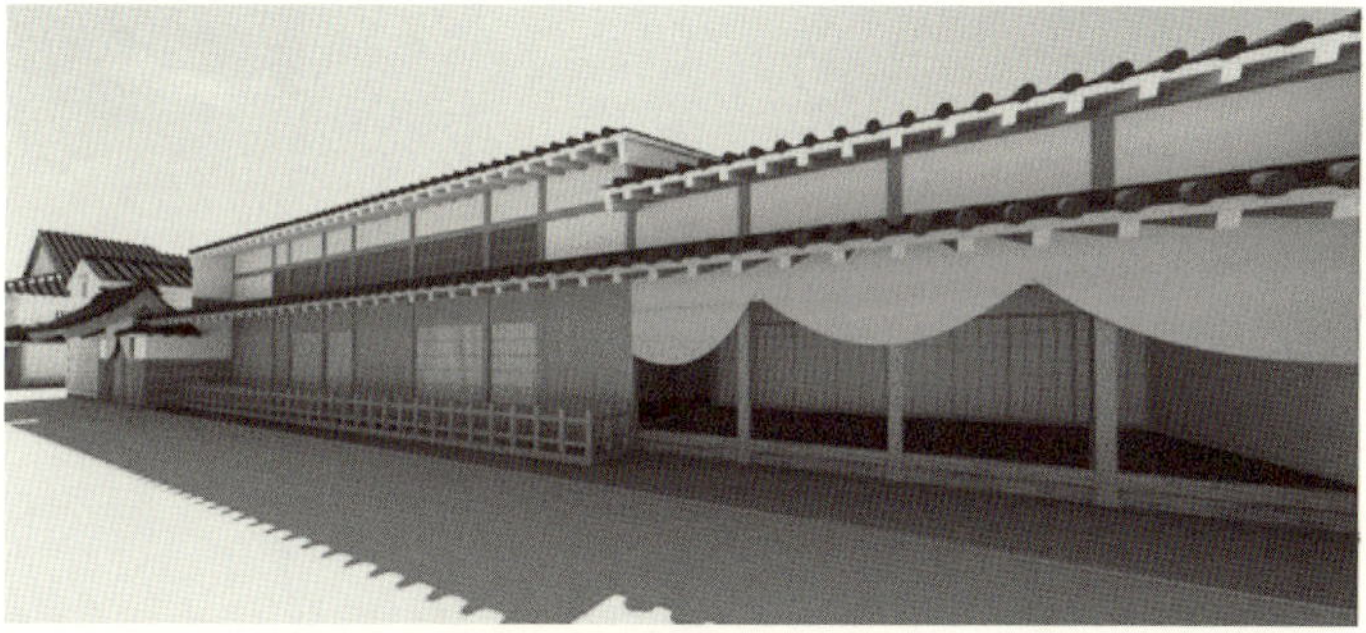

図9　那波本陣のファサード

図10　那波本陣の通り景観

◇——武家屋敷・高須隼人邸

武家屋敷については、姫路市城郭研究室所蔵の高須隼人邸平面図を参考資料とし、敷地内の東側にある池越しにみえる姫路城をパノラマ画像として作成しました。庭園の再現にあたっては、建築物だけではなく、岩などを表現する必要があります。しかし、岩のデータを個別にモデリングするとデータが重くなるため、このCGでは岩をどのように表現するかが課題でした。塀、景石、玉石、灯籠についてもデータを作成しました。

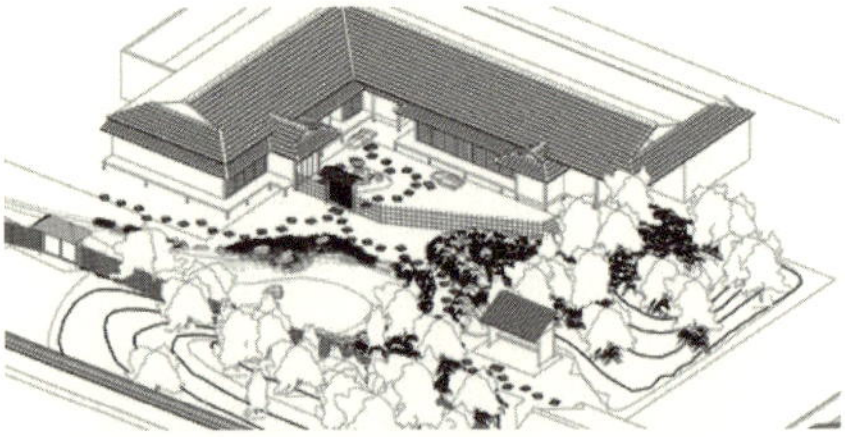

図11　高須隼人邸の庭のモデリング

図12　武家屋敷（庭）の全景

◇――備前門

備前門については、大工幾蔵絵図を資料としました。備前門周辺の町家の通り景観については、姫路市史第14巻別編「姫路城」裏表紙に掲載されている備前門周辺絵図を資料としました。

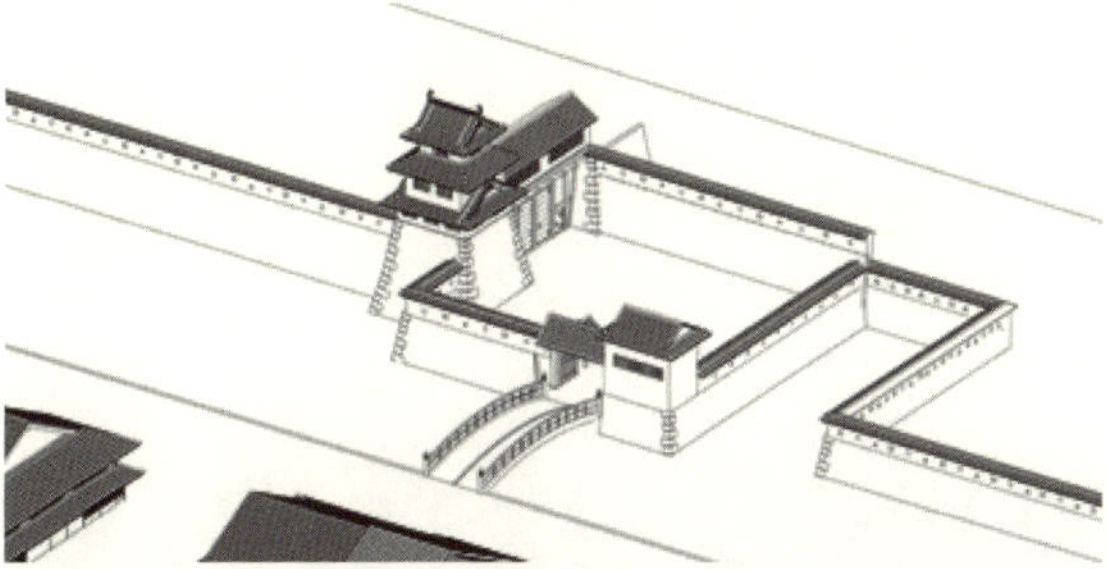

図13　備前門のデータ

図14　備前門の全景

◇——おわりに

城下町の回遊性に関連して、兵庫県立大学環境人間学部安枝研究室では、二〇一五年一月に、姫路の城下町全体を博物館にみたてる観光看板を、姫路城中ノ門筋繁昌会、兵庫県立大学環境人間学部エコヒューマン地域連携センター、株式会社夕雲舎と企画し、姫路城の外濠跡、姫路城の中壕跡、お菊神社（十二所神社）、中ノ門筋、飾磨津門跡、光源寺跡、下白銀町、上白金町、西呉服町、西二階町、魚町通り、とみや薬舗、国府寺家本陣跡、お夏の生家跡、森重の十五カ所に設置しました（図15）。

看板の上部には、各観光資源の名称、解

図15　姫路城うちまちミュージアム看板

説、写真等を掲載しています。看板の下部は、まちづくりの情報発信等に活用できるように着脱可能なマグネット式になっています。今回の研究成果であるパノラマ画像の公開にあたっては、この着脱可能なマグネット部において、パノラマ画像が製作されていることの情報をマグネットシートにデザイン・印刷して発信することにより、来訪者がパノラマ画像の公開を知り、ＷＥＢページにアクセスすることできればと考えています。現状ではこうした整備はまだできていませんが、姫路城の来訪者に少しでも城下町のことも知ってもらい、実際に回遊してもらいたいと考えています。

○兵庫県立大学環境人間学部安枝研究室におけるＣＧ作業従事者
田中克欣　（兵庫県立大学 環境人間学研究科 博士前期課程、当時）
前崎貴光　（兵庫県立大学 環境人間学部研究生、当時）

姫路城
三の丸向屋敷に迫る

永野 康行
西 桂

三の丸向屋敷　唐笠間の仕掛け

永野 康行

◇——はじめに

姫路城ガイドツール企画委員会CG部会では、二〇一六年度は姫路城の城郭と城下町景観をCGで復元しました。二〇一七年度は三の丸の御本城表屋敷と、向屋敷庭園および唐笠間《からかさのま》をCG復元することになりました。

三の丸向屋敷は、現在の三の丸広場と動物園の辺りにあった御殿で、大きな池に隣接し、風呂屋や茶室、そして唐笠間のある、くつろぎや遊びのための空間でした（図1）。唐笠間は、向屋敷のなかでも特殊な構造で、天井が傘のような形に

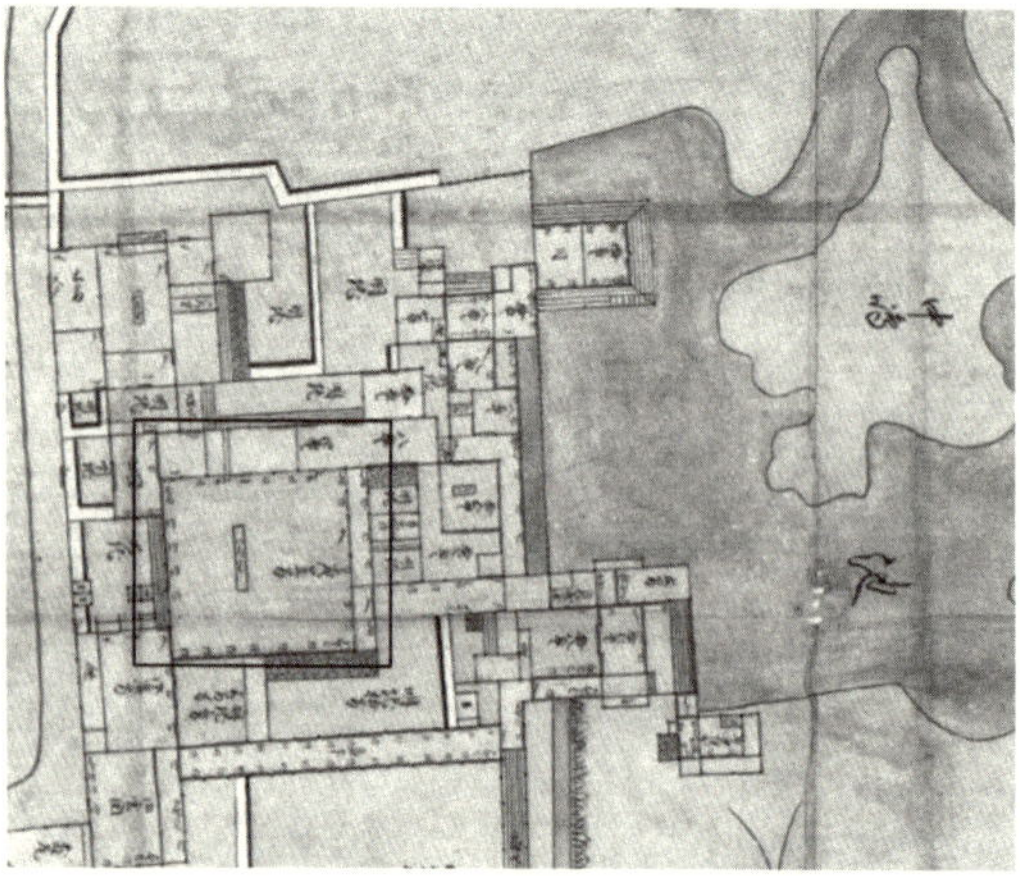

図1　播州姫路城図の向屋敷部分

なっていたため、そう呼ばれました。唐笠間の「唐笠」をキーワードとして、屋根形状が唐傘(笠)状であると考え、こういう屋根形状であれば力の流れが合理的であるだろうとシミュレーションを用いて研究を進めてきましたので、その手法について説明します。

◇——「唐笠間」についてシミュレーションを用いて考える

唐笠間は、唐傘を広げたような骨組みの屋根構造であったと推測されていますが、その詳細は明らかにされていません。まずは京都で買ってきたミニチュアの唐傘を学生らと下から眺めながら、「唐傘とはなんぞや」と考える時間が結構、長くありました(写真1)。というのは、図面があれば、どこに柱が建っていてどこに壁があってということがよくわかります。しかし姫路城には、そういうものがほとんどありません。そこで、仮定を置いて、ある妥当性をもってその仮定を積み重ねていく手法を取りました。基本としてはまず、根拠をもって形を決めたい、寸法を決め

写真1　ミニチュアの唐傘

たい。そのための準備作業として、まず私たちは、現存する唐傘を模した屋根の建築物の調査をすることにしました。

写真２　旧西尾家住宅四腰掛の屋根構造

写真３　高台寺傘亭の屋根構造

①旧西尾家住宅四腰掛《よつこしかけ》（大阪府吹田市）
②高台寺傘亭（京都府京都市）

この二つの建物は、屋根材が放射状に架かる点では似ていますが、その集合部に違いがあります。二・七メートル四方と規模の小さい旧西尾家住宅四腰掛は、屋根材が中心の丸太に集まっています（写真２）。一方、四メートルぐらいの高台寺傘亭では、梁の中心から束《つか》柱を立ち上げ、屋根材の集合部を支えているように見えます（写真３）。

【平面寸法】向屋敷は明治の廃藩後、陸軍の手で直ちに撤去され、実測図などの存在は確認されていません。私たちのアプローチとしては、寸法を算出していくための根拠として、平面は「播州姫路城図」（中根忠之氏蔵）を拠り所にして八間×八間半としました。断面図については、「姫路城絵図集」の平井聖先生による断面図を拠り所にしました（図2）。

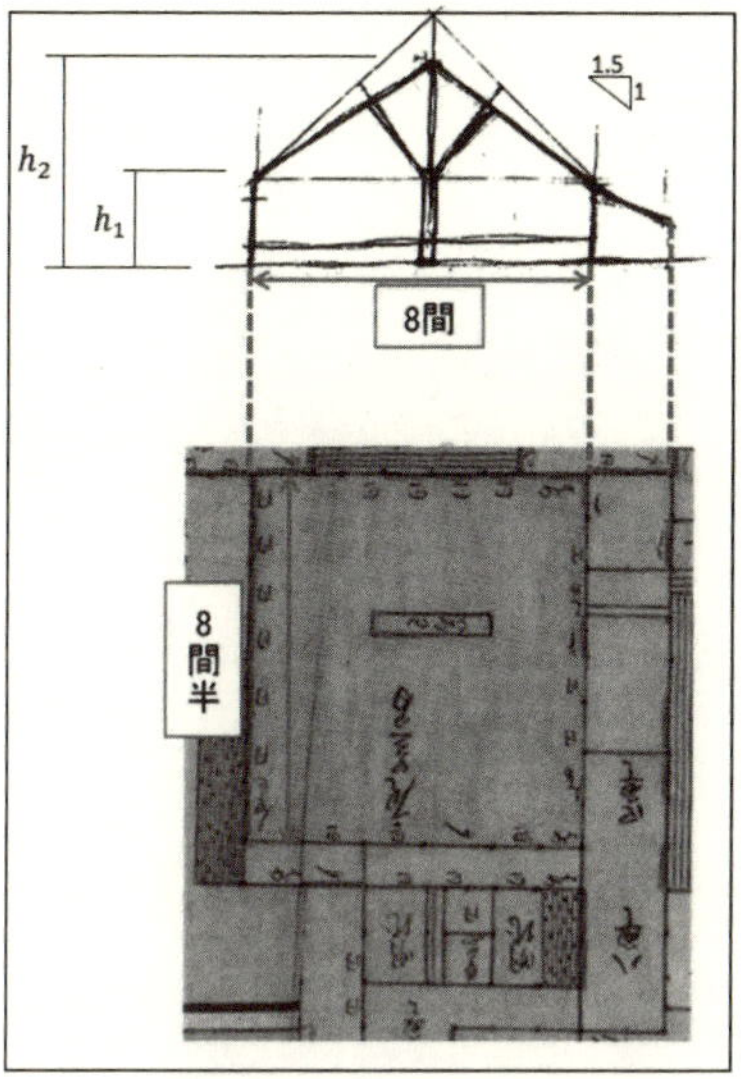

図２　唐笠間の断面と平面の関係

『姫路城史』下巻（橋本政次）には「亭榭は……中央に三尺一寸角の心柱一本あって」、つまり、心柱が一本立っているという記述があります。ところが「播州姫路城図」には柱がありません。矛盾しています。どう判断したかというと、八間や八間半という非常に大きな寸法ですので、真ん中に柱が立っているほうが合理的だろう、かつ「唐笠」というのですから、柄に当たるような一本柱があったと仮定しました。

そして「播州姫路城図」『姫路城史』を基に、一間＝一九六七ミリで換算し、唐笠間の寸法決定をしました。

【屋根の形状】屋根の形状についてはまったく資料がありませんので、大胆な仮定を敷いていかざるを得ません。ということで、一本柱の直上には、全体の支えとなるようなところがあったのではないかと大きな仮定をしました。そして垂木、棟木、枠と順次設定していきました。垂木は、辺を八等分するかたちで架けていたと仮定しました。それから、平井先生の断面スケッチを基に、屋根勾配や高さを決定して、それぞれの寸法について仮定を敷きました（図3）。

【壁の種類】その次は壁です。建物が水平方向に揺れようとしたときに踏ん張るには、現代

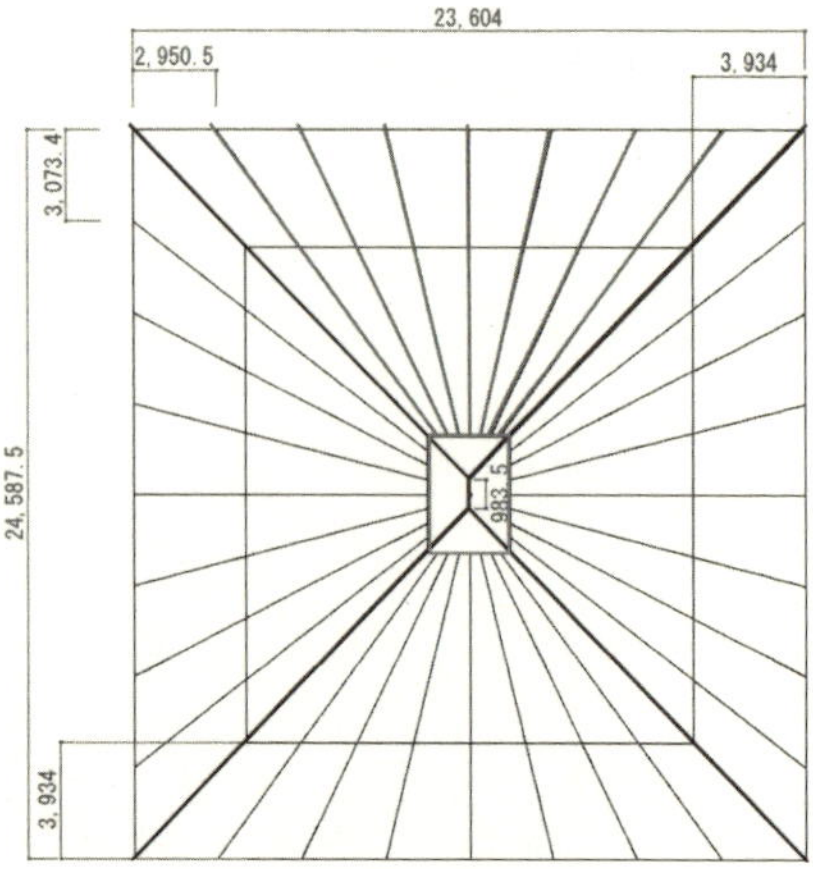

図3　屋根の形状

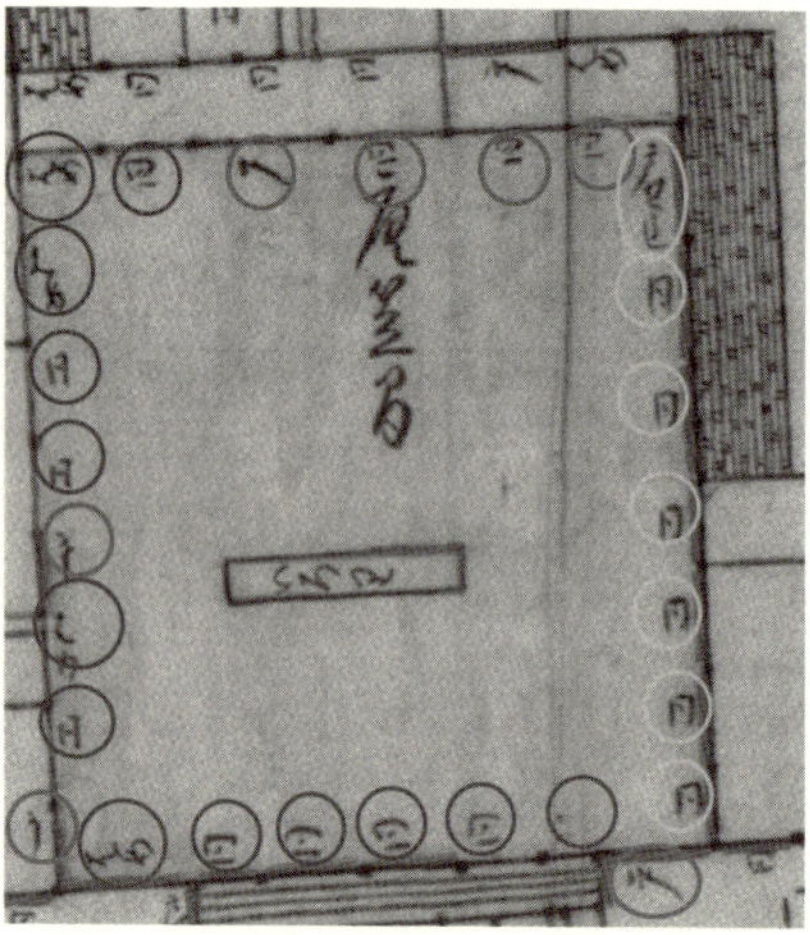
図4　播州姫路城図に見える壁の種類

の建物でいうと筋交いや壁が威力を発揮します。唐笠間については、「播州姫路城図」から「者《は》め（板壁）」「戸」「戸せうじ（戸障子）」の三種類の壁の表記を読み取ることができました（図4）。

以上が、コンピュータのなかに唐笠間の情報を入れるために整えていった事前準備です。

私たちがこのコンピュータシミュレーションに用いたプログラムは、midas iGen（マイダスアイジェン）という、汎用の構造解析プログラムです。たとえばこのあいめっせホールを含むイーグレひめじの建物も、このプログラムで解くことができます。コンピュータのなかに建物のモデルをつくることを「モデル化」といいますが、このプログラムを使って、寸法決定してモデル化した唐笠間を解いていこうというわけです。

【使用部材】 どこに柱があるか、どこに壁があるかは事前準備の段階で決めました。しかし、その柱が何の材料でできているかは決めていなかったので、カラマツとヒノキを仮定しました。使用の材料は、このシミュレーションにおいては、それによって変形のしやすさに影響を及ぼします。やわらかい材料を使うとたくさん変形しますが、堅い材料を使うとあまり変形しません。

◇——二種類のモデルは現行の建築基準を満足するか

これらの仮定を踏まえて、二つのモデルを作成しました。一つは腕木なし、もう一つは腕木をつくりました。腕木なしをモデル①（図5）、腕木ありをモデル②（図6）と、以降呼ぶことにします。

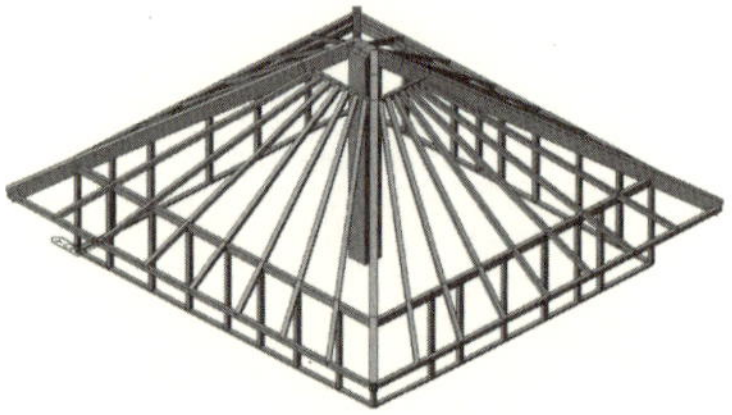

図5　唐笠間　モデル①

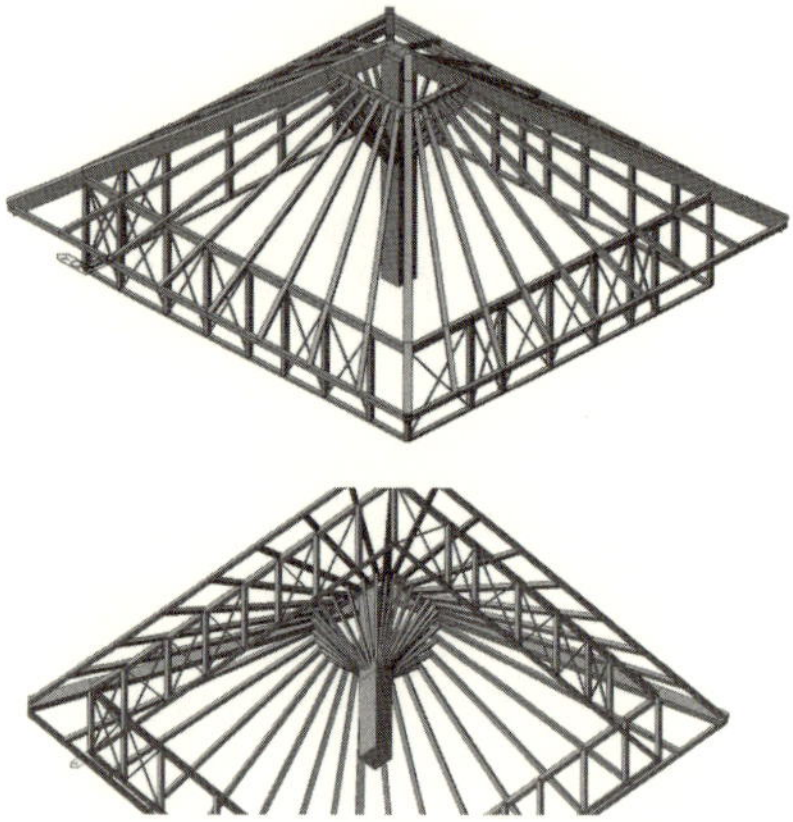

図6　唐笠間　モデル②

モデル①・②共通ですが、コンピュータで解析するときには建物の一番下のところを止める。これを支持条件といいますが、そうしないと、上から荷重をかけると下のほうに飛んでいってしまいます。「支えている基礎はここで、ここで止まっていますよ」というのを設定しないと、コンピュータはわからないのです。コンピュータのなかではこういうことが非常に重要です。

形も入って、支持条件も決めました。続いて入力するのは、荷重です。どういう重さが唐笠間にはかかっていたのでしょうか。記述から、屋根はこけら葺きと想定しました。こけら板という木材の薄板を用いて施工するもので、多くの文化財の屋根に用いられています。固定荷重、英語ではdead loadといいますが、柱、梁、床、壁などの建築物そのものの重さのことです。文化財の耐震診断をするときの実施要領では、一平方メートル当たり一・三キロニュートンとありますので、その荷重をかけているということにします（表1）。

表1　唐笠間モデル　固定荷重

名称	固定荷重（kN/㎡）
こけら葺き	1.3
板壁	1.3
戸 戸障子	0.7

それを先ほどのmidas iGenというプログラムのなかで重力加速度をかけて、力にすることによって、入力する。そして、「曲げ応力度」と「たわみ」について検討しました。その結果、腕木のないほうのモデル①は、曲げモーメントという力の大きさから判定すると、垂木（四隅）・垂木・枠のいずれも現在の耐震規定を満足するという結果になりました。一方、たわみについては、NGとなりました。

たわみには、弾性たわみと長期たわみの二種類があります。どう違うのかというと、たとえば板の上に人が乗るとぐっと沈みます、

表２　モデル①　解析結果（たわみ）

部材	弾性たわみ（cm）	長期たわみ（cm）	部材長さ（cm）	断面二次モーメント（mm^4）
垂木（４隅）	0.61	1.22	1005	5.4×10^9
垂木	4.25	8.5	911	1.3×10^8
枠	2.39	4.78	388	1.3×10^8

その変形した量のことを弾性たわみといいます。弾性たわみは、その板から人がのくと、元に戻ります。体感しにくいかもしれませんが、実はこのホールの床も、皆さんがお入りになったので沈んでいます。この講演が終わって皆さんが出ていくと、戻ります。それが弾性たわみです。一方、木材や、最近の材料でいうとコンクリートには、クリープ現象というものがあります。赤ちゃんがはいはいするような、這っていくような歩みのことを英語でcreepといいます。そういう、じわじわ変形するのがクリープ変形で、荷重がかかり続けることによってじわじわ変形が増えていくような現象のことをいい、そのクリープ変形が弾性たわみに加わる事で長期たわみとなります。クリープ変形は木材や鉄筋コンクリートの床などにもありますす。一方、鉄骨造にはありません。このホールは梁が鉄骨だと思うので、ここの床はクリープの変形はしません。材料に依存します。

唐笠間の材料は木材です。木材はさまざまな研究の結果から、変形増大倍率が二倍とされています。何年かかかってじわじわと最終的にはたわみ量が二倍増大するということです。表２で弾性たわみが四・二五センチとか二・三九センチとか出ていたのが、長期たわみで八・五センチとか四・七八センチにしているのは、そういうことです。それで検討した結果、現在の耐震規定を満足しませんでした。

腕木ありのモデル②は、たわみが小さくなることによって、曲げモーメントもＯＫ、長期のたわみもＯＫ、つまり、現在の耐震規定を満たします。

このように、たわみにとっても応力にとっても、モデル②のほうが合理的ではないかというのが、コンピュータシミュレーションから得た結果です。

この結果に基づいた唐笠間の内観を、私の福井工業大学在籍のときの同僚であった多米淑人先生に依頼し、ＣＧで復元してもらいました（カラー口絵に掲載）。実際にこういう形であったかどうかは、わかりません。応力解析をして、そのコンピュータシミュレーションの結果から、大きな部材配置であるとか、部材寸法といったものの仮定をした結果、こういう形になっていたのではないかという、コンピュータグラフィックです。

◇――おわりに

現存しない唐笠間のＣＧ復元をするために、コンピュータを用いた構造解析を実施しました。

垂木腕木が支える構造ではないかとしました。それによって現行の建築基準を満足することも確認できました。これは当時の大学院生ら（左記）とともに実施した研究です。

【参加学生（所属は二〇一八年度当時）】
白井茉似那（兵庫県立大学大学院シミュレーション学研究科博士前期課程一年）
前田華伊（兵庫県立大学大学院シミュレーション学研究科博士前期課程二年）
増田幸枝（兵庫県立大学大学院シミュレーション学研究科博士前期課程二年）
牛尾好孝（兵庫県立大学大学院シミュレーション学研究科博士後期課程）
呂志倫（兵庫県立大学大学院シミュレーション学研究科博士後期課程）

姫路城三の丸　向屋敷庭園の復元

◇——名城・姫路城にも名園が存在していた

西　桂

平成五年、法隆寺と共に日本で最初の世界文化遺産に登録の姫路城ですが、これまでいくつかの絵図を見る中で、内曲輪内での庭園の存在が認められないのを不思議に思っていました。ところが平成九年に大分市で発見された「播州姫路城図」(注1)(以下「大絵図」と称す)によって、三の丸の平面の様子が庭園部分(図1)も含めてかなり詳細に描かれており、やはり三の丸向屋敷に壮麗な庭園が存在していたことが判明しました。しかし庭園を推察する上でこれだけでは不十分の所も多いと感じていたところ、「大絵図」作成の約八十年後に、藩主・酒井忠以《ただざね》(在位一七七二~九〇)によって書かれた『玄武日記』を知り、その安永七年(一七七八)正月十四日の条に、庭園の造りがかなり想定できる誠に興味深い記事が残っていることが分かりました。(注2)

姫路城は、池田氏のあと徳川四天王のひとり本多忠勝の嫡男忠政が元和三年(一六一七)に入封します。本多忠政（在位一六一七～三一）は、嫡男忠刻と家康の孫・千姫の婚姻もあって、ただちに池田時代の城を補うべく西の丸、三の丸の整備に着手し、この時に築造されたのが三の丸の御本城《ごほんじょう》（御居城《おんきょじょう》）、武蔵野御殿、向屋敷および庭園であります。

江戸時代に、大名が江戸屋敷または領国の城内や城下町、また近郊に築造された庭園を大名庭園と呼んでいます。江戸では幕藩体制を堅固《けんご》にするためや火災などの危険分散のために、上屋敷・中屋敷・下屋敷など複数の屋敷が与えられました。広大な敷地をもつ多くの大名屋敷では、建物と共に庭園が築造され、大名の資産を消費させようと目論んだとも考

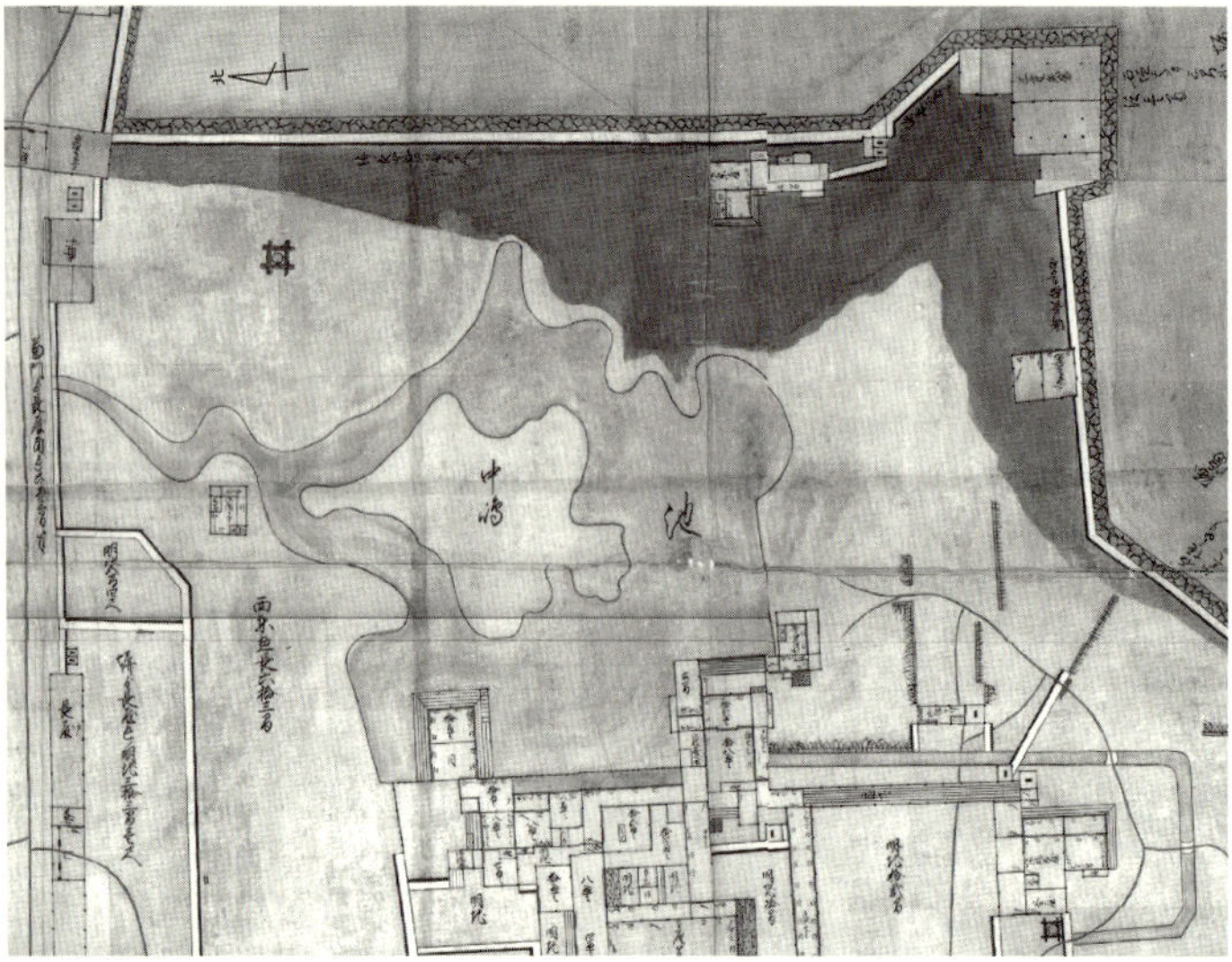

図１　播州姫路城図（大絵図）向屋敷庭園部分

えられます。そのために、庭師、植木屋、石屋など専門職が飛躍的に増加し、江戸城を囲むように、現在の山手線沿線にはこれらの職種の人達が集まりました。また石材商は、運搬の利便性から江戸湾岸から隅田川河口周辺に集中したといわれます。しかし小石川後楽園や六義園など現在に残る庭園もありますが、大半は消滅してしまいました。一方、自国領地でも、城内の二の丸や三の丸、また別邸として、建物と共に庭園の築造も行われました。これらは御国の強い思い入れをもって、岡山後楽園や兼六園、玄宮園を始め今に残る大名庭園は数多く現存しています。大名庭園は、大名自らの娯楽・趣味・休養のための空間であるばかりでなく、政治的・社交的宴遊といった多面的な性格を持っていました。姫路城三の丸内でも立派な大名庭園が造られていたのでした。

◇――庭園の様子が詳細に記載された『玄武日記』

安永七年正月十四日の『玄武日記』に書かれていた「庭園部分」の記録を現代語に訳すと次の様な文になるかと思います。

夕方、茶立て初めをする事になり、客は、二右衛門・甚四郎・蔵人の三人、何れもが普段着で出ることにし、「観風楼《かんぷうろう》」で出会うことにした。雨天のために蓑を着用し、小舟を漕いで、

「活魚潭《かつぎょたん》」より、まっすぐに「観風楼」の岸辺に寄せる。三人の客は、二階より降りてきて出迎える。此方も舟より上がって挨拶を交わす。時に、二右衛門からは酒一樽《たる》、甚四郎よりは、鱈《たら》を、蔵人より鴨の番《つが》いが贈られる。直ちに船の後方に積み、木板を五ツ打つ（これは御茶屋のある船着場への合図也）。それより船を漕ぎ、藤棚の下の船着場へ漕いで行く。道泉と林雪（茶匠か）が出迎えて、船縄を引き寄せ石に締めつけた。客の三人も上がっていく。此方も後から上がっていく。客は待合に上がる。此方は縄簾《なわすだれ》の引き戸より入る。直《ただ》ちに「にぢり上がり」より降り、待合入口にて案内する。それより脇露地より誘導し、客は着座した。炭の準備が終わって、料理口取りにて合図をする者（案内する者か）と挨拶のため中立《なかだ》ちをし、それより、あいずもの（ドラ）の合図で、客は茶室に入り、茶を点ててもてなす。道泉が出てきて底取り（灰の始末）をした。蔵人・二右衛門は、回り炭（炭を入れたり出したりする）という所作を行い、それが済んで、干菓子が出て、甚四郎が（亭主役で）薄茶を点てた。それが済んで、道泉が替わって薄茶を点て、甚四郎に振る舞う。それより勝而《かって》（勝手）を見せ、引き戸口より帰路につく。道は、「月けい門（月影門）」より「三秀圃《さんしゅうほ》」の脇道を通って「酴醿塘《とびとう》」「穿林径《せんりんけい》」を経て、「流憩渡《りゅうけいわたり》」より、知られた「玉澗《ぎょくかん》の滝」を見せて、それより「草王砌」を通り「笠之間」（唐笠間）に上がり、礼を述べて帰っていった。（客人のために）観風楼には小手あぶりを出し、（部屋には）掛物一幅、牡丹、彩色、文進筆、沢庵讃の飾り付けをした。

◇——池泉舟遊兼回遊式の大名庭園

「大絵図」と『玄武日記』から庭園構成を見ていきますと、「大絵図」からは、中島を中心に滝石組や洲浜などが容易に推定され、地割り（平面構成）の素晴らしさが目に止まります（図2の□内に記載した施設名は推定位置を示す）。庭園は向屋敷に面した寝殿造庭園のような造りで、中島は池泉に比較しても大きく、蓬莱島（神仙島）と考えられます。北方の内堀の堀水から遣水《やりみず》により導水されていますが、入水口まで中島の先が延びているのは、池全体に水が循環するために入水する水を左右に分ける「水分け」的な機能を持たせたもので、詳細に描かれているのをみると「大絵図」は実測して作成したものと考えられます。庭園部分は、現在大部分は姫路市立動物園になっていますが、グーグルより引用の現況地形図上に「大絵図」の庭園部分を重ね合わせてみますと、ほぼ一致することが分かりました。また姫路市埋蔵文化財センターが、トイレの改修工事のために中島の汀の部分を発掘した時の報告書によりますと、(注3)流紋岩系の石材が出土し、石組の一部が認められています。

次に『玄武日記』を見ていきますと、当日の夕方からの茶事は、家老達三人の客を招いての初釜の記録です。この時の忠以は弱冠二十四歳の若さですが、松江藩の松平不昧と並び称される大茶人であったとのことです（『姫路城史』）。画家として名を成した酒井抱一は弟に当たり、この兄・忠以の影響を大きく受けて育ったということですが、ただ三十六歳の若さで他界しているのが惜しまれます。このような藩主の催す茶会に招かれることは、家老たる客にとっては非常に名誉なことであったと思われます。

　向屋敷の建物は、中心に唐傘《からかさ》のような造りの「唐笠間《からかさのま》」と呼ばれる建物があり、この唐笠間を挟んで、南側区画と北側区画に区分されます。出入り口を見ると「御玄関」と「玄関」の二か所あり、湯殿は「御

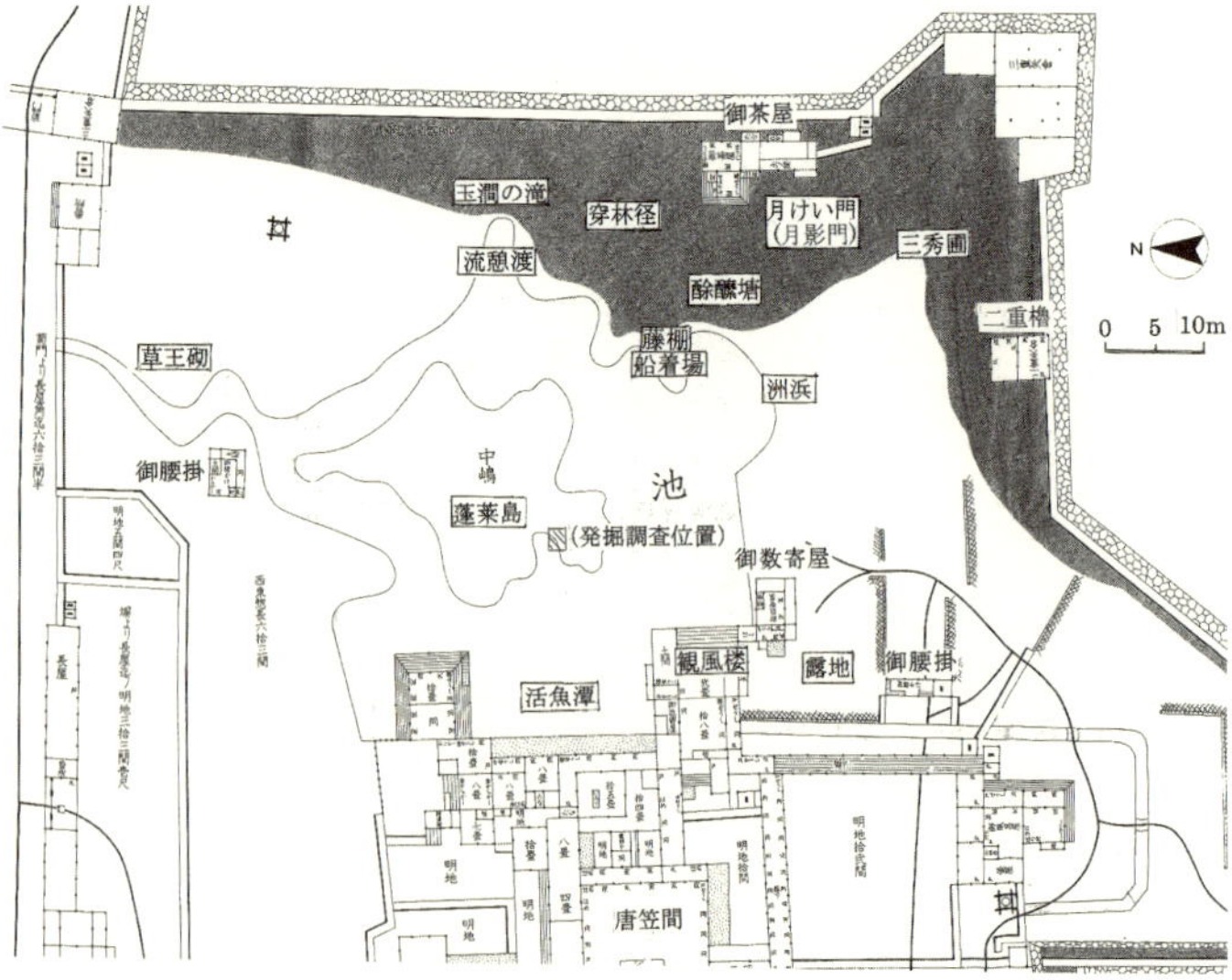

図２　『玄武日記』に記載施設の推定位置図「大絵図（解読図）」に加筆

風呂屋」と「御湯殿」に分かれて記されており、これらから見て南側区画は客人を招き入れる「接客エリア」に対して、北側区画は藩主の私的な「藩主エリア」と読み取ることができます（図3）。この日は生憎の雨で、蓑を着用し向屋敷の「藩主エリア」から小舟に乗り客の待つ「接客エリア」の「観風楼」へと向います。途中「生き生きした魚のいる水辺」と解釈される向屋敷前面の水辺である「活魚潭」を通過して「観風楼」に至り、ここで三名の客と共にもらったお土産を小舟に積み込み、木板を五ツ打って船着場へ合図して御茶屋へと向っています。雨天にも係わらず小舟を従えて茶事を演出する

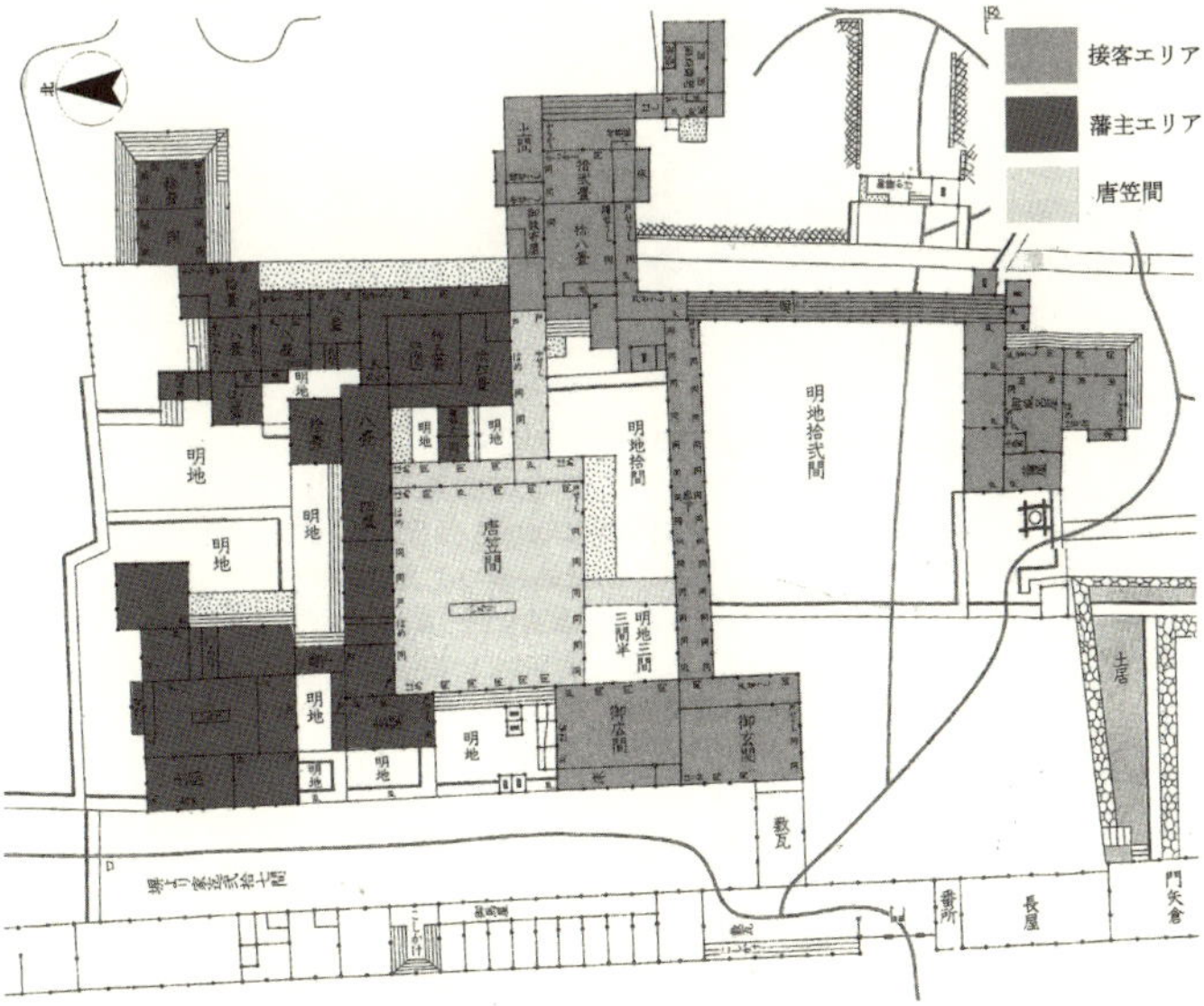

図３　「大絵図（解読図）」に記載の向屋敷（中心部）の間取り図

風雅な茶人の心を伺い知ることのできる一コマです。このように小舟を出して客を出迎え、また茶事を終わってからは園内を回遊しているところから、庭園様式は池泉舟遊兼回遊式庭園であったことが分かります。

◇――多目的に使われた御茶屋

築山には多目的に使われたと思われる御茶屋（図4）があり、『玄武日記』には、ここで執り行われた初釜の様子が詳細に記されています。「大絵図」に見える「御茶屋」は、池に面する側には四畳半程度の床を有する座敷があり三方に縁を回しています。その奥に七畳半程度の座敷と床を置き、付属屋と思われる細長の棟には三畳程度の部屋に棚と床があり、その南側に細長く土間と座敷様の間が続き、棚と並んで空白の棚様の空間が付属しているのが分かります。「にぢり上がりより降り」とあるのは、茶室は書院式で「躙口《にじりぐち》」がなく、「沓脱石《くつぬぎいし》」風の「踏み石」を指すと思われます。

ここで『玄武日記』に見える茶事の動きを見ると、①客は一旦待合に入り、②亭主に露地より案内されて、③客座に入る。④炭点前が済み、⑤懐石、⑥合図ものの挨拶を受けて、⑦中立（一旦待合に戻る）。⑧再び客座に入り、⑨茶の湯を振舞う。⑩蔵人・二右衛門は回り炭を済ませ、⑪干菓子を食べ、⑫甚四郎が薄茶を点て、また道泉が甚四郎に薄茶を振る舞い、⑬自由に勝手等を見せて、⑭引戸口から帰路につく。これらは茶事の規則に則した行動のように思われ、大茶人であった忠以の器量が読み取れます。これらの御茶屋での動きから図5に示すような間取りと露地を推定しました。

御茶屋の入口には「月けい門」が立っていたようですが、実は『玄武日記』には、忠以自筆

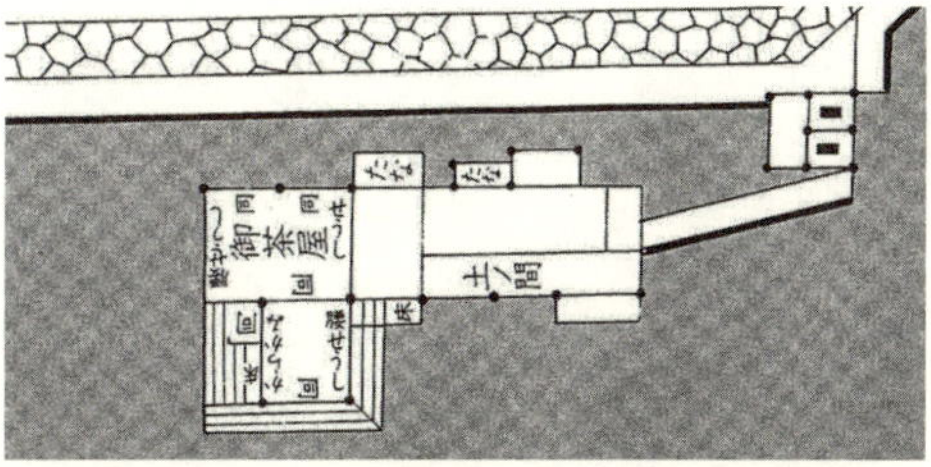

図４　「大絵図（解読図）」に見える「御茶屋」

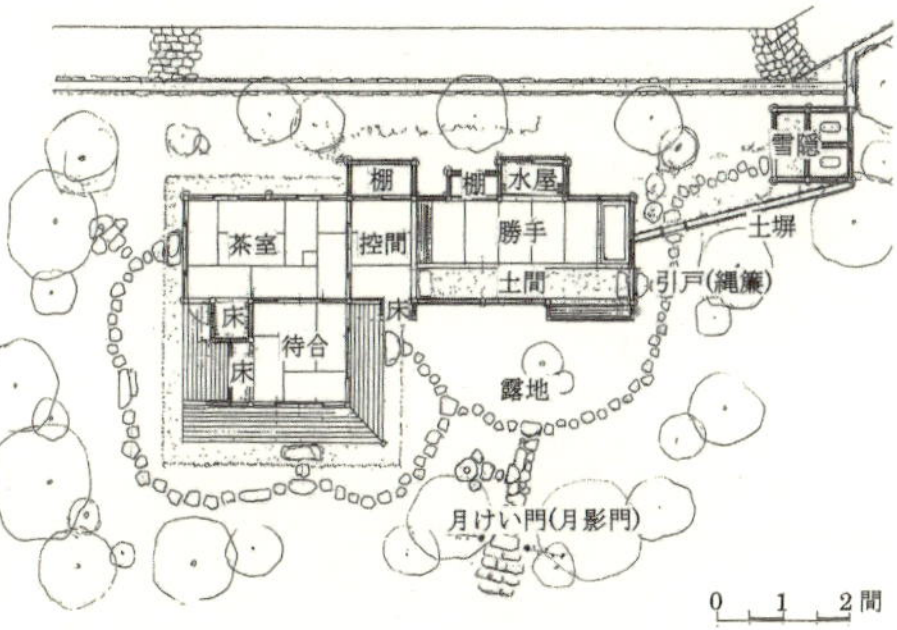

図５　「御茶屋」の推定間取り図

図６　「御茶屋」付近の推定俯瞰図

のものと祐筆による写しの二通あって（どちらが自筆かは不明）、一通には「月影門《つきかげもん》」と書かれているとのことです。「けい」を「桂」とすると、月を仰ぎ見ることもできる空間としての「月《げっ》桂門《けいもん》」と考えられ、「月影門」であれば、「月の光に映し出された門」としての情景が浮かびます。何れにしても「月を仰ぎ見る」意図からの命名だと思われます。これらに基づいた御茶屋を中心とした築山の景色を図6で復元しました。築山一帯は、庭園構成上からも景観的にも重要な場所であったことが容易に想像されます。

◇――「玉澗の滝」を中心にした庭園構成

御茶屋での茶事を終えた客人たちを忠以は庭園内を案内していきます。まず「三秀圃」や「酴醾塘」、「穿林径」などと名付けられていた庭や花壇と考えられる空間を見てから、滝のある方向へと向います。『玄武日記』を一読して一番驚いたのは、「流憩渡《りゅうけいわたり》」と称した場所から「玉澗《ぎょくかん》の滝」を見せたとの記事を目にしたときでした。「流憩渡」は、滝が組まれた前方の流れの部分に渡した「沢飛石《さわとびいし》」（別称「沢渡石《さわたりいし》」）と考えられます。「玉澗の滝」とは、中国宋代の画僧・玉澗の水墨画に描かれている五台山の石梁《せきりょう》の様な景観を描いた絵に因んで、滝の上部に石橋（通天）を架けた滝石組を称しています。元禄七年（一六九四）に書かれたとされる『諸国茶庭名跡図会』には「玉潤様山水三段瀧図」（図7）というのがあって、古くから滝様式として存在していたことが考えられます。名古屋城二の丸庭園（写真1）や徳島城表御殿庭園、それに阿波国分寺庭園（写真2）では「天生橋《てんせいきょう》」と呼ばれているこのような滝を「玉潤の滝」と呼んだと思われます。しかし文献上で「玉潤の滝」と明確に確認できるのは『玄武日記』以外には見られません。それだけに貴重な史料といえます。『茶室茶庭辞典』（重森三玲著）には「築山を二つ設け、その中間に枯滝を組み、上部に石橋を洞窟風に組む」と解説されています。向屋敷にはどのような「玉潤の滝」が組まれていたのか興味深いところです。

この日の『玄武日記』の最後には、「草王砌を通り笠之間に上がり」とあります。「草王《くさのおう》」とは、クサノオウと呼ばれる薬草を植えた「砌《みぎり》」（庭・場所）と考えられます。クサノオウは古くから知られた薬草で、鎌倉時代の『馬医草紙絵巻』にも描かれている有毒植物です。享保十六年（一七三一）に書かれた榊原家文書の『姫路日記』には、藩主の向屋敷での「責馬御覧」の記事があり、しばしば「責馬《せめうま》」という調教が行われたことが見受けられ、クサノオウは馬の調教に使われていた薬草の可能性が考えられます。ここを見せて最後は、一本柱で支えられた大空間といわれる「唐笠間」に戻り、礼を述べて今日の初釜の茶事は終っています。

このように『玄武日記』には多くの庭園構成を読み解く記事が記されています。各地の大名庭園の例を見ますと、例えば六義園の柳沢吉保は和歌にも造詣が深く、その文芸趣味に基づい

図７　『諸国茶庭名跡図会』における「玉澗様山水三段瀧図」

写真２　阿波国分寺庭園・玉澗の滝（天生橋）

写真１　名古屋城二の丸庭園・玉澗の滝

て、和歌に読まれた景勝を園内に「八十八景」として表現しています。彦根市の玄宮園では「涵虚亭《かんきょてい》」など「玄宮園十勝」が命名されています。こうした例を考えると、庭園にも関心の深かった忠以は、「向屋敷八景」のような命名をしていたのかも知れません。

◇――播磨地方の大名庭園

ここで播磨地方に存在する大名庭園をあげてみたいと思います。まず復元整備がほぼ完了しているのが旧赤穂城庭園で、本丸庭園・二之丸庭園（国名勝）から成っています。築城に係わった山鹿素行の日記には、「茶亭で茶事に招かれ、錦帯池（二之丸）で船遊びの歓待も受けた」ことが記されており、池泉舟遊兼回遊式の大名庭園であったことが分かります。

神河町にある旧福本藩池田家陣屋は、城が築けなかった一万石の小藩ですが、陣屋の御殿に付随する立派な庭園が現存しており、町によって整備されました。藩主の菩提寺である徹心寺には四点もの陣屋屋敷の古絵図も残っており（県文化財）、御殿は取り壊されて大歳神社となっているとはいえ、絵図に描かれた往時の庭園の姿はよく残り、滝前の沢飛石や五台山の築山、それに馬場などを整備することによって往時の姿が蘇り、平成二十六年には県の名勝に指定されました。陣屋跡に遺る庭園としては特筆に値する存在であるといえます。

もう一庭、明石城の「樹木屋敷」という大名庭園をあげる必要があります。寛文・延宝年間（一六六一〜八〇）頃に成立の『忠真公御一代之覚書』という資料に、明石城の「樹木屋敷」という大名庭園が、「武蔵に命じて一年掛かりで作庭された」ことが詳細に記されています。平成十五年にＮＨＫの大河ドラマで「武蔵」が放映されることになり、この樹木屋敷を、明治以降に庭が移された可能性のある「乙女池」（元・本三の丸）周辺に、「明石城宮本武蔵の庭園」として、大河ドラマに合わせて再現されました。

幕府が姫路藩と共に重要視したのが明石藩です。元和三年（一六一七）、姫路藩の本多忠政と共に明石藩には小笠原忠政（のち忠真）が入封してきます。以後この両譜代大名と強い繋がりをもったのが当時三十六歳の宮本武蔵です。本多忠政にとって小笠原忠政は娘婿にあたり、姫路藩に客分として召し抱えていた武蔵を明石藩に差し向け、そこで明石の「町割り」（『播磨鑑』）や「樹木屋敷」の作庭に係わらせたのです。他に明石城下の福聚院、本松寺、圓珠院などにも武蔵が作庭した（『明石市史』）という伝承の庭園が存在しています。そして注目されるのは、『金波斜陽』という明石藩史書に「宮本武蔵という士あり。元和八年頃、姫路城下に仮寓し、寺院の造園等に参画す」という記録が残っていることが分かりました。

宮本武蔵は二十九歳のとき巌流島で佐々木小次郎と戦い、それからは剣豪武蔵から芸術家武蔵へと変貌していきます。武蔵の描いた水墨画の五点もが重要文化財に指定されているのをみてもそのことが分かります。当時、武蔵は客人として明石と姫路を往来していたようです。向屋敷庭園を造った作庭者については不明ですが、本多忠政との関係や武蔵の播磨での事績をみると、姫路城の作庭に係わった可能性を一概に否定することはできません。

◇――今後の課題と展望

藩政時代、播磨地方にも多くの大名庭園が造られ、それらが整備され復元されてきています。姫路城にもこれまで見てきたように、三の丸の建物や庭園は雄藩姫路城に似つかわしい壮麗な風景であります。図8や図9で推定復元したような壮麗な景観が想像されます（カラー口絵参照）。名城の多くには名園が存在しています。姫路城も例外

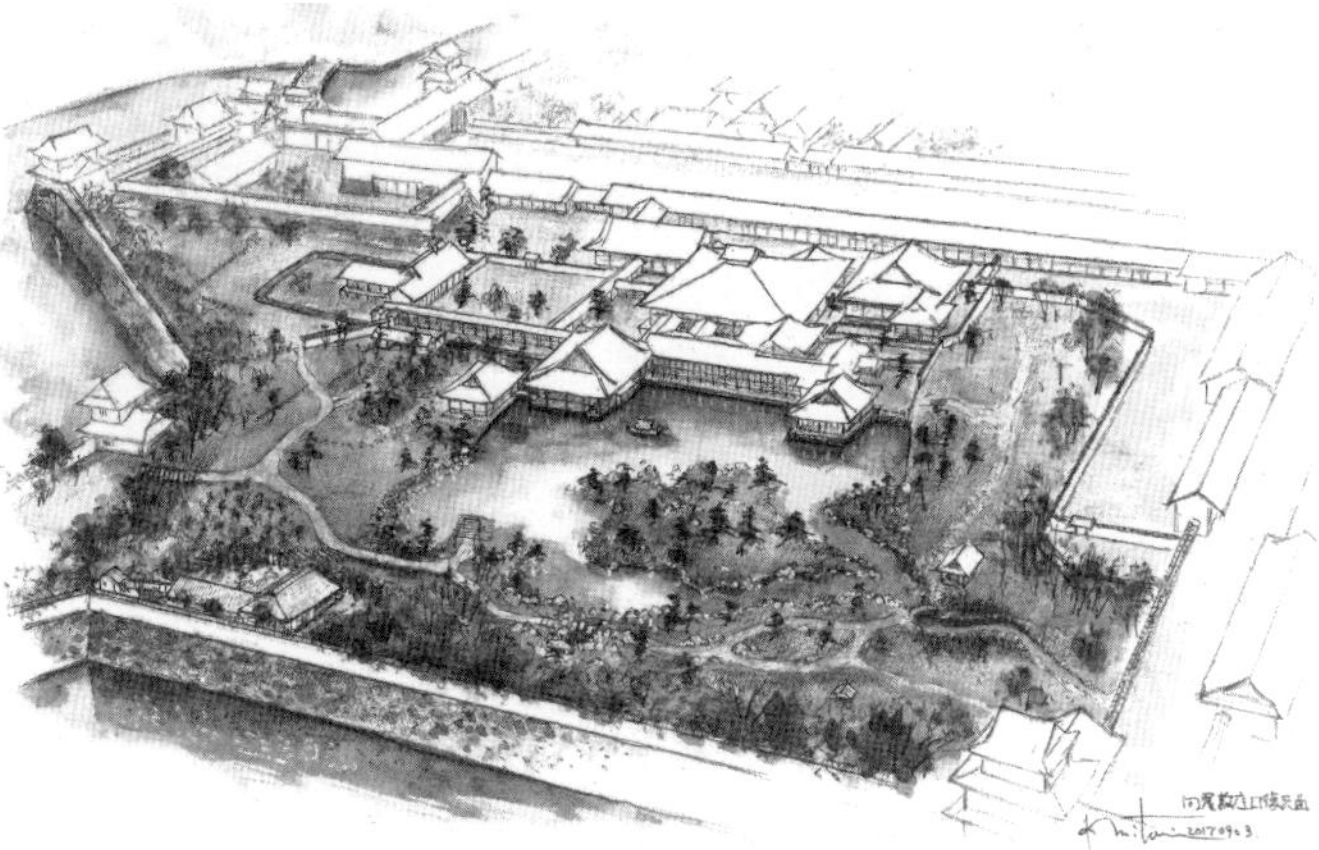
図8　東部から望む向屋敷庭園の推定鳥瞰復元図

ではなかったことが分かってきました。今後さらに多方面からの考察や可能な限りの発掘調査を進めていく必要があると考えます。

　今回、文化庁の文化遺産総合活用推進事業補助を受けて、平成二十七年度より復元作業の調査研究が進められ、平成二十九年度には「三の丸向屋敷庭園の復元」事業が、コンピューターグラフィックス（ＣＧ）による復元事業も含めて実施され「報告書」が出来上がっています。この調査に基づいて話を進めてきましたが、この調査では、藤原正彦氏、三谷景一郎氏（スケッチ作画）と共に庭園部門の調査に加わる機会を得て、「大絵図」と『玄武日記』という貴重な資料を知る

図９　西部から望む向屋敷庭園の推定鳥瞰復元ＣＧ（K.K.キャドセンター）

ことにより華麗な庭園が三の丸向屋敷に存在していたことが判明したのでした。調査にあたっては、本事業委員長の志賀咲穂氏をはじめ、多くの方からの助言を得ました。不明な点も未だ多く、さらに調査研究の機会を得て、いつの日か、名古屋城や二条城に存在するような庭園が復元される日を期待したいと思います。

（注1）「播州姫路城図（大絵図）」（二四八cm×二七九cm）大分市・中根忠之氏所蔵（『姫路市史』第十一巻下に複写図と解読図）
（注2）酒井忠以『玄武日記』（『城郭研究室年報』第十五号）姫路市城郭研究室　二〇〇六
（注3）「姫路市立動物園トイレ改修（第二〇二次調査）報告」森恒裕　姫路市埋蔵文化財センター　二〇〇一

姫路城 三の丸御本城の復元

多米 淑人
朝日 美砂子
荒木 かおり

三の丸御本城の復元

多米 淑人

◇――はじめに

現在の姫路城は、慶長五年（一六〇〇）に池田輝政が三河吉田一五万石から播磨一国五二万石へ転封し、翌慶長六年（一六〇一）から建設したことに始まります。国宝に指定されている大天守、乾、西、東小天守およびイ、ロ、ハ、ニの渡櫓は慶長十四年（一六〇九）頃のもので、大天守は五重六階地下一階の望楼型、これに乾、西、東の三基の小天守が渡櫓で環状につながる連立式天守です。縄張は内郭、中郭、外郭からなる梯郭式で、大手を南に、搦手を東北にとります。内郭は天守丸、本丸、二の丸、西の丸、三の丸からなり、さらに作事所出丸、搦手の東三の丸、勢隠が付随します。

姫路藩藩主は池田輝政（池田家）から第一次本多家、奥平（松平）家、第一次松平家、第一次榊原家、第二次松平家、第二次本多家、第二次榊原家、第三次松平家、酒井家と数多く入れ替わり、中でも寛延二年（一七四九）に入封した酒井家（酒井忠恭）が最も長く、廃藩まで姫路藩を治めていました。

今回、復元対象とする姫路城三の丸御本城（以下、御本城）は、三の丸に置かれた御殿で、元和四年（一六一八）に第一次本多家の本多忠政が拡張したと伝えられるものです。三の丸にあったこれら御殿群は現在、全く残っていませんが、絵図や史料、他の御殿建築の修理工事報告書、『匠明五巻考』(注1)（以下、『匠明』）などを用いて、御本城で最も重要な室であった鶴ノ間に主眼を置きつつ、これより東に位置する應對ノ間や式台の間、玄関などをVRにて立体的に復元します。復元対象とする「御本城」の呼称については、「御居城」、「三ノ丸御居城」、「西屋敷」、「常之丸」などがありますが、ここでは「御本城」で統一します。

◇――御本城に関わる史料や既往報告

御本城に関する史料や既往報告は左に示す通りです。今回の復元では、これらの中でも最も描かれた時代が遡り、鶴ノ間だけでなく、御本城全体の平面が描かれている「播州姫路城図（大絵図）」を主史料としています。

- 「播州姫路城図（大絵図）」二四八×二七九cm　元禄十二年（一六九九）～宝永元年（一七〇四）（大分市・中根忠之氏所蔵）

・「姫路城図屏風」一三五×二八四㎝ 寛保元年（一七四一）以降（越前市・大谷恵一氏所蔵）
・『姫陽秘鑑』万延元年（一八六〇）～慶応元年（一八六五）（姫路市所蔵）
・『日下雄一郎文書』「姫路御在城中勤要録 全」慶応三年（一八六七）（日下家所蔵）
・『高橋功家文書』江戸末期（髙橋家所蔵）
・『池田家文庫』「姫路城内略記」幕末頃（岡山大学附属図書館所蔵）
・『熊谷家文書』作成年代不明（姫路市市立城郭研究室寄託）
・『姫路市史　第十四巻　別編 姫路城』「三　姫路城の建築　5 三の丸」内藤昌（四二一―四五〇頁）昭和六十三年　姫路市
・『姫路城絵図集』「播州姫路城図（大絵図）解説」平井聖（七二―七七頁）平成二十六年　姫路市立城郭研究室

◇――復元考察

平面寸法と柱配置

主史料とする「播州姫路城図（大絵図）」（カラー口絵参照）は、内曲輪の堀や石垣の寸法、建物の位置などが記され、さらに西の丸の御殿や三の丸の御殿、武蔵野御殿、向日屋敷の御殿などの各御殿群の間取りおよび柱配置、部屋名称、規模が描かれている絵図で、御本城はこれらの中でも南西隅の最も多くの室が描かれている御殿です。

御本城をみると、南から入る敷台付き御玄関から西へ進むと二室続きの鶴ノ間（以下、上段が描かれている方を上の間、御玄関寄りの方を下の間）で、そこから奥に小書院、新書院、御料理ノ間、御居間、御寝間、御休息ノ間が続き、他にも御台所やとらの間（虎ノ間）、風呂ノ間、能舞台などが描かれています。

これらの各室には、前記のように柱配置は描かれていますが、室名称や広さに関しての記載がないものもあります。特に復元対象としている鶴ノ間や敷台付き御玄関（以下、車寄）、これから鶴ノ間へ繋がる廊下については広さが記載されていません。また、車寄の北側にある三室（以下、廊下を含めて式台の間）には三拾畳、四拾畳、四拾畳、ここから鶴ノ間へ続く室には弐拾七畳（以下、應對ノ間）(注2)との記載があり、室の広さは分かりますが、正面と奥行の長さは記載されていません。そのため、まずはこれらの室の平面規模について検討します。

車寄北側の四〇畳、四〇畳、三〇畳の三室（以下、西から一の間、二の間、三の間）は、南北方向の長さが同様で、東西方向の長さは一の間、二の間の二室は同じ、三の間はそれよりやや短く描かれています。南北方向が共通する四〇畳、三〇畳の規模は、南北方向を五間とすると、東西方向は四〇畳で四間、三〇畳で三間となり、これは絵図に描かれている各室の比率と

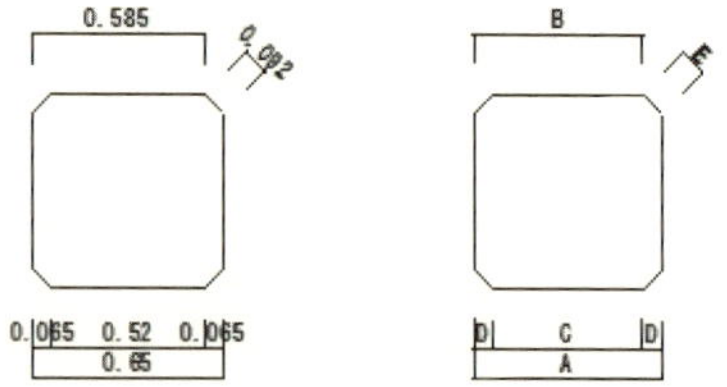

図１　柱寸法と記号

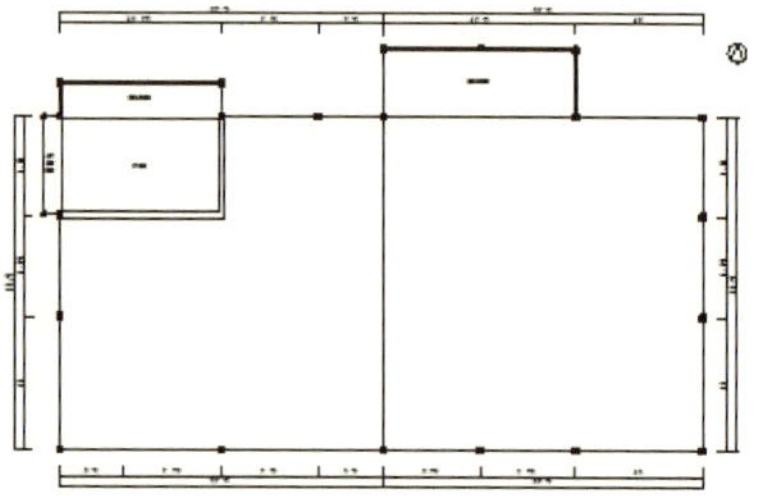

図２　鶴ノ間（上下の間）復元柱配置図

も一致します。さらに、この比率から式台の間廊下は南北方向一・五間×東西方向一間、車寄は南北方向二間×東西方向二・五間、二七畳とある應對ノ間は南北方向三間×東西方向四・五間ということが分かります。そして、鶴ノ間をみると中心の二室は五間四方で、この廻りに一・五間幅の入側が付き、上の間の上段は正面が二・五間、奥行が一・五間であることも分かります。これに『匠明』の「殿舎集」を参考に一間の基準寸法を六・五尺（京間）として、畳を敷くと鶴ノ間の上下の間はともに各五〇畳で、この廻りにつく入側は床、付書院を除いた四周で九九・五畳大になります。

　御本城の柱寸法については、史料を管見したところ記述が一切みられないことから、柱寸法は『匠明』にある一間（6・5尺）の1／10角（6・5寸角）としています。また、『匠明』には柱寸法の比率によって、他の部材寸法などが定められていて、本復元では『匠明』に倣って柱片面落（B）が5・85寸（9／10）、柱面内（C）が5・2寸（8／10）、柱面（D）が0・

65寸（1／10）、柱面表（E）が0・92寸（1／10×√2）としています（図1）。

　ここまでで、各室の規模と柱の太さを決めましたので、次に柱の配置をみていきます。前述の御本城が描かれているもののなかで、柱の配置が分かるものは「播州姫路城図（大絵図）」と『姫陽秘鑑』、『日下雄一郎文書』、『高橋功家文書』、『熊谷家文書』に掲載されている各絵図です。この中でも、「播州姫路城図（大絵図）」は御本城全体を描いていますが、『姫陽秘鑑』、『日下雄一郎文書』、『高橋功家文書』、『熊谷家文書』の絵図は鶴ノ間のみを描いていて、いずれも規模は同じですが、柱の配置はそれぞれの絵図で若干異なっています。そのため、天井や建具、構造との関係を考慮して、鶴ノ間の柱配置は図2のように決定しました。その他の室の柱配置は、柱を描いている絵図が「播州姫路城図（大絵図）」だけですので、この図にある柱配置としています。

高さ関係の寸法と天井形式、建具

　次に高さ関係についてみていきます。史料を管見したところ、高さ関係についても記述は一切みられません。そのため、高さ関係については基本的に前述の『匠明』の柱の比率によって算出していますが、『匠明』に記述がないものや『匠明』の記述に沿うと明らかに違和感のあるものについては、『重要文化財二条城修理工事報告書　第二集』[注3]や「名古屋城昭和実測図」[注4]

単位：尺

姫路城御本城鶴ノ間上の間		二条城二の丸御殿大広間	名古屋城本丸御殿城上洛殿
元和4年（1618）に拡張		慶長7～8年（1602～1603） 寛永2～3年（1625～1626）	慶長17年～元和元年 （1612～1615）
L	6.5	6.5	約6.5
A	0.65角	0.8角	0.675角
D	0.065	0.07	0.055
C	0.52	0.65	0.575
L＋3D＋2E	6.5＋0.195＋0.184 ＝6.879	7.15＋0.27＋0.25 ＝7.67	6.6＋0.23＋0.18 ＝7.01
L＋2E＋0.6L＋C	6.5＋0.184＋3.9＋0.52 ＝11.104	13.57	13.1
―	1.19	1.29	1.169
4A－1.5C	2.6－0.78＝1.82	3.23（≒4A）	2.08（＝3A＋D）

を参考にします。表1は、『匠明』と復元対象の中でも最も格が高い室である鶴ノ間上の間（網かけ部）、二条城大広間、名古屋城上洛殿の一間の基準寸法や高さ寸法とその記号などをまとめたものです。

『匠明』と二条城大広間、名古屋城上洛殿を比較すると一間の基準寸法は6・5尺と共通していますが、柱太は二条城大広間が0・8尺角、名古屋城上洛殿が0・675尺角で、『匠明』にある柱間の1／10と一致せず、柱面も『匠明』にある柱太の1／10とも一致しないことがわかります。したがって、高さ関係の復元については、二条城大広間と古屋城上洛殿を参考にしつつ、『匠明』にある柱寸法から算出した比率にできるだけ従って決定するものとしています。

表1　各御殿の高さ寸法

名称	『匠明』	
建築年代	—	
一間の基準寸法	L	6.5（又は7）
柱太	0.1L＝A	0.65角
柱面	0.1A＝D	0.065
内法・天井長押成	0.8A＝C	0.52
内法（切目長押上端～内法長押下端）	L	6.5
敷居上端～天井長押上端	（L＋0.6L＋C）－3D	6.5＋3.9＋0.52－0.195＝<u>10.752</u>
天井長押上端～格縁下端	—	
落掛高さ（内法長押上端～落掛下端）	2A	1.3

内法（『匠明』では切目長押上端～内法長押下端）は、『匠明』にはL（6・5尺）とありますが、二条城大広間では7・67尺、名古屋城上洛殿では7・01尺で、0・5尺以上の差がみられます。鶴ノ間上の間の内法を『匠明』の6・5尺にすると他の御殿と大きな相違となり、空間のバランスとしても低くなり過ぎることから、鶴ノ間上の間では、敷居上端から鴨居下端までを6・5尺（L）とし、それに柱の比率から算出した敷居成（3D）と鴨居成（2E）を加算して6・879尺としています。この内法も含めた敷居上端から天井長押上端までは、『匠明』を読み解くとL＋0・6L＋C－3D＝10・752尺となり、二条城大広間の13・57尺と名古屋城上洛殿の13・1尺とは2・3尺以上の開きがありますが、鶴ノ間上の間では『匠明』を考慮し、鴨居成を加算したL＋2E＋0・6L＋C＝11・104尺としていま

す。天井長押上端から天井板までの高さは、蟻壁付の棹縁天井とする場合のみ『匠明』にA+2／C（蟻壁+廻縁）とあるものの、後述の鶴ノ間上の間で採用する折上格天井の場合は高さの記述はみられません。そのため、鶴ノ間上の間の天井長押上端から格縁下端までは、同じ折上格天井である二条城大広間と名古屋城上洛殿を参考にしつつ、折上の支輪の曲線も考慮して1・19尺としています。

そして、落掛高さは『匠明』に2A（=1・3尺）とあるものの二条城大広間が3・23尺（≒4A）、名古屋城上洛殿が2・08尺（=3A+D）で、天井高と同様に大きな違いがあることから、鶴ノ間上の間では室全体の高さを考慮して1・82尺（4A-1・5C）としています。

なお、他の細かな部材寸法は『匠明』に記述されていればそれに沿い、記述がないものに関しては詳細な寸法が記入されている「名古屋城昭和実測図」を参考にしています。

以上のような検討を鶴ノ間（下の間）および入側、應對ノ間、式台の間および廊下などでも行ない、これらの高さ関係をまとめたのが表2です。表内の網掛けは『匠明』にある柱寸法比率を採用していることを示しています。

各室の天井形式や仕上げなどについては、こちらも史料などがみられないため、前記の高さ関係同様、二条城大広間と名古屋城上洛殿を参考にしています。

二条城大広間と名古屋城上洛殿は、室全体を二条城大広間では上段之間、名古屋城上洛殿では上段間としていて、天井はともに二重折上格天井、黒漆仕上げで、これらはともに二重目の格間の中心と室の中心がほぼ一致します（名古屋城上洛殿上段間は格間一つ分後方寄り）。一方、復元する鶴ノ間（上の間）は、北西隅の一角に上段をもつことが絵図面によって明らかで、二条城大広間上段之間、名古屋城上洛殿上段間と同様に二重折上格天井とすると上段の中心と格間の中心が全く一致せず、空間的に違和感がみられます。このため、鶴ノ間（上の間）は（一重）折上格天井とし、仕上げは二条城大広間上段之間、名古屋城上洛殿上段間と同様に黒漆仕上げとします。

鶴ノ間（下の間）以下の室については、二条城大広間と名古屋城上洛殿がともに室の格が下がるごとに天井形式も異なりますので、御本城でも鶴ノ間（下の間）以下は、鶴ノ間（上の間）より格を下げていき、鶴ノ間（下の間）が蟻壁付の格天井、黒漆仕上げ、鶴ノ間入側が白木の格天井とし、その他の應對ノ間、式台の間の天井はいずれも白木の棹縁天井、車寄は白木の格天井としています。

そして、建具については、主史料とする「播州姫路城図御居城図」には「からかみ」や「戸」、「戸セウし」などの建具の種類を示す記述がみられるものの、すべての柱間には書かれておらず、不明な建具も多いことから、他図や他の御殿建築を参考にして建具を決めていきます。なお、「播州姫路城図御居城図」と他図では建具の有無に違いがみられますが、これは作図年代

単位：尺

鶴ノ間入側		應對ノ間		式台の間		式台の間廊下	
L	6.5	L	6.5	L	6.5	L	6.5
A	0.65角	A	0.65角	A	0.65角	A	0.65角
D	0.065	D	0.065	D	0.065	D	0.065
C／4	0.13					C／4	0.13
3D	0.195	3D	0.195	3D	0.195	3D	0.195
L+3D+2E	6.879	L+3D+2E	6.879	L+3D+2E	6.879	L+3D+2E	6.879
6L／10	3.9	6L／10	3.9	6L／10	3.9	6L／10	3.9
C	0.52	C	0.52	C	0.52	C	0.52
—		—		A	0.65	—	
—	0.23	C／2	0.26	C／2	0.26	C／2	0.26
—		—		—		—	
—		—		—		—	
11.659		11.429		—		114.29	
11.984		—		12.014		—	
—		—		2A	1.3	—	

網掛は『匠明』の柱寸法比率を採用

からみて「播州姫路城図御居城図」より後の建具と考えられることから、他図の建具の記述は補完的史料としています。

鶴ノ間の上下の間境の建具は、この間に柱が建たないことから四枚引違の襖としています。入側境の建具は、上段をもつ二条城二の丸御殿大広間や名古屋本丸御殿城上洛殿に倣って、襖仕立ての舞良戸の引違(戸の間に明障子が入る)とし、これらの建具の室内側には、室名からみて鶴を題材とした障壁画が描かれていたと考えられます。入側外部境の建具は「戸セ

表2　御本城各室の復元時高さ寸法

名称	『匠明』		鶴ノ間（上の間）		鶴ノ間（下の間）	
一間の基準寸法	L	6.5（又は7）	L	6.5	L	6.5
柱太	L／10=A	0･65角	A	0.65角	A	0.65角
柱面	A／10=D	0.065	D	0.065	D	0.065
半長押成	C／4	0.13	—		—	
敷居成	3D	0.195	3D	0.195	3D	0.195
内法（切目長押上端～内法長押下端）	L	6.5	L+3D+2E	6.879	L+3D+2E	6.879
小壁高さ（内法長押下端～天井長押下端）	6L／10	3.9	6L／10	3.9	6L／10	3.9
天井長押成	C	0.52	C	0.52	C	0.52
天井長押上端～廻縁下端（蟻壁）	A	0.65	—		A	0.65
廻縁成	C／2	0.26	—	0.23	—	0.23
廻縁上端～折上格縁下端	—		—	0.96	—	
格縁成	—		—	0.23	—	
天井高（蟻壁無）	(0.6L+C+0.5C)-3D	10.985	12.524		—	
天井高（蟻壁有）	(0.6L+C+A+0.5C)-3D	11.635	—		11.984	
落掛高さ（内法長押上端～落掛下端）	2A	1.3	4A−1.5C	1.82	4A−1.5C	1.82

ウし」とあることから板戸二枚、明障子一枚としています。

式台の間は「播州姫路城図御居城図」において部屋境に「戸」とあるものの記述がないものも多くみられることから、他の御殿建築に倣って、部屋境は襖、廊下境は腰障子、入側外部境は板戸二枚、明障子一枚、式台の間と車寄境は両側に突留を付ける引分板戸としています。

なお、建具の舞良子や木間、框幅などの詳細な寸法は、『匠明』に記述はされているものについては『匠明』に依っていますが、載っていないものに関しては詳細な寸法が記入されている「名古屋城昭和実測図」を参考にしています。

◇――おわりに

以上のことを踏まえて、姫路城三の丸御本城の鶴ノ間および應對ノ間、式台の間、車寄を復元したのが、図3～10です。鶴ノ間の規模は上下の間ともに五間四方、上の間は北西隅に二・五間×一・五間の上段を備え、この背後に二・五間幅の床の間、西に一・五間幅の付書院をもちます。天井は折上格天井の黒漆仕上げ、天井高は一二・五二四尺です。下の間は北側の一角に六畳の床の間を付け、天井は格天井の黒漆仕上げ（蟻壁付）で、天井高は一一・九八四尺です。これらの建具は上下の間境と上段横が襖、入側境が襖仕立ての舞良戸《まいらど》の引違（戸の間に明障子が入る）で、この鶴ノ間の四周には、幅一・五間、畳敷、白木の格天井の入側が廻り、入側外部境の建具は板戸二枚、明障子一枚です。應對ノ間は三間×四・五間の二七畳で、天井は白木の棹縁天井、天井高は一一・四二九尺です。式台の間は一の間が四間×五間の四〇畳内の北東に六畳の床をもち、二の間は四間×五間の四〇畳、三の間は三間×四・五間の二七畳の北側いっぱいに三畳の床をもちます。式台の間はいずれも建具が部屋境は襖、廊下境は腰障子で、天井は棹縁天井（蟻壁付）、天井高は一二・〇一四尺です。車寄は二間×二・五間、建具は突留を付ける引分板戸、天井は白木の格天井で、天井高は一三・二二九尺、踏面は一段です。

なお、部屋境の欄間は題材が一切不明であることから本復元ではいずれも筬欄間を入れています。また、鶴ノ間の障壁画は川面美術研究所が作画したものを多少の加工を施して貼り付けています。

（注1）伊藤要太郎『匠明五巻考』鹿島研究出版会　昭和四十六年
（注2）『姫陽秘鑑』内の「御本城之図」の対応する室に應對ノ間との記述がある。
（注3）『重要文化財二条城修理工事報告書　第二集』恩賜元離宮二条城事務所　昭和三十一年
（注4）「名古屋城昭和実測図」名古屋城総合事務所
http://www.nagoyajo.city.nagoya.jp/20_etsuran/map_souzu.html

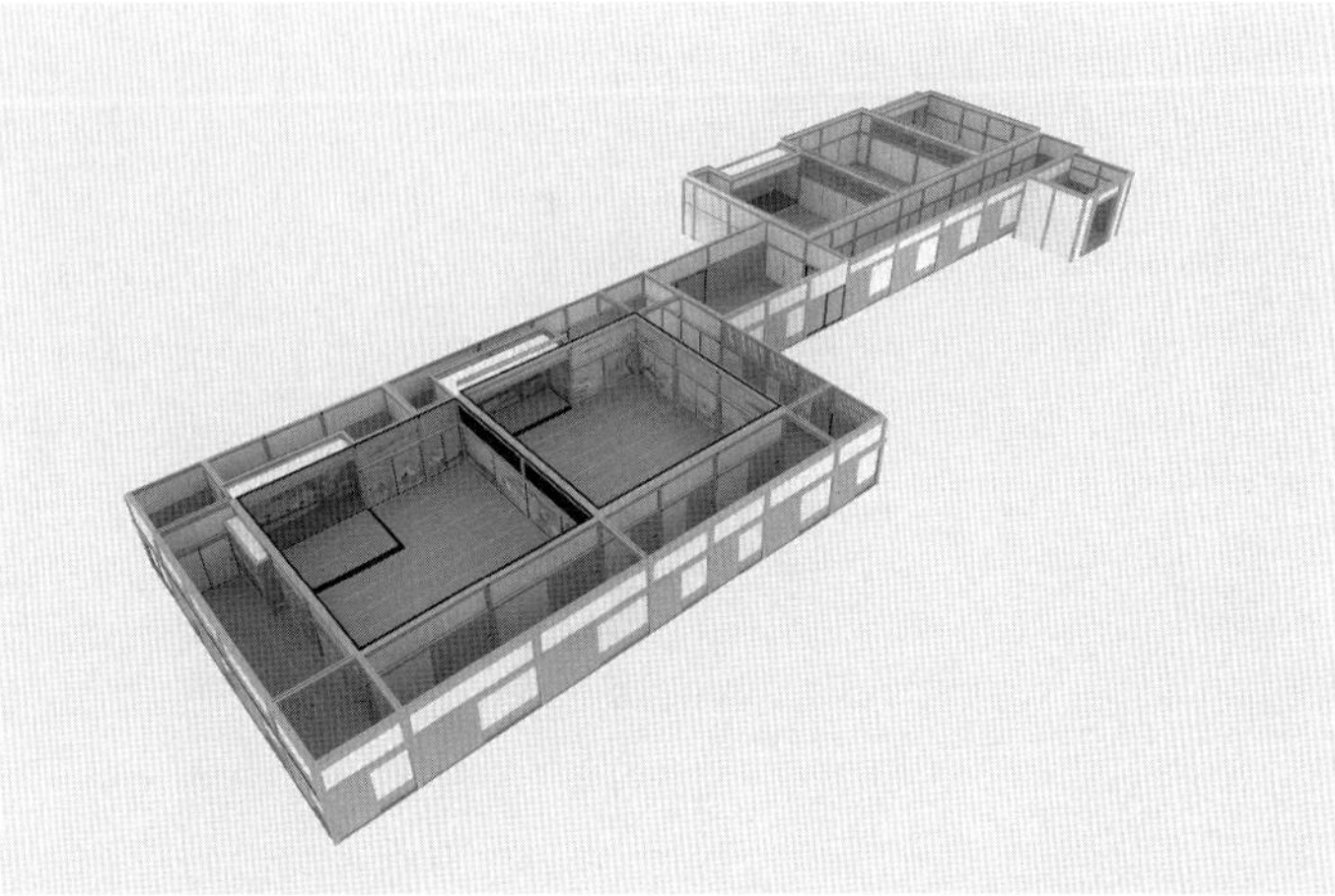

図３　姫路城御本城鶴ノ間から車寄までの鳥瞰（天井非表示）（復元）

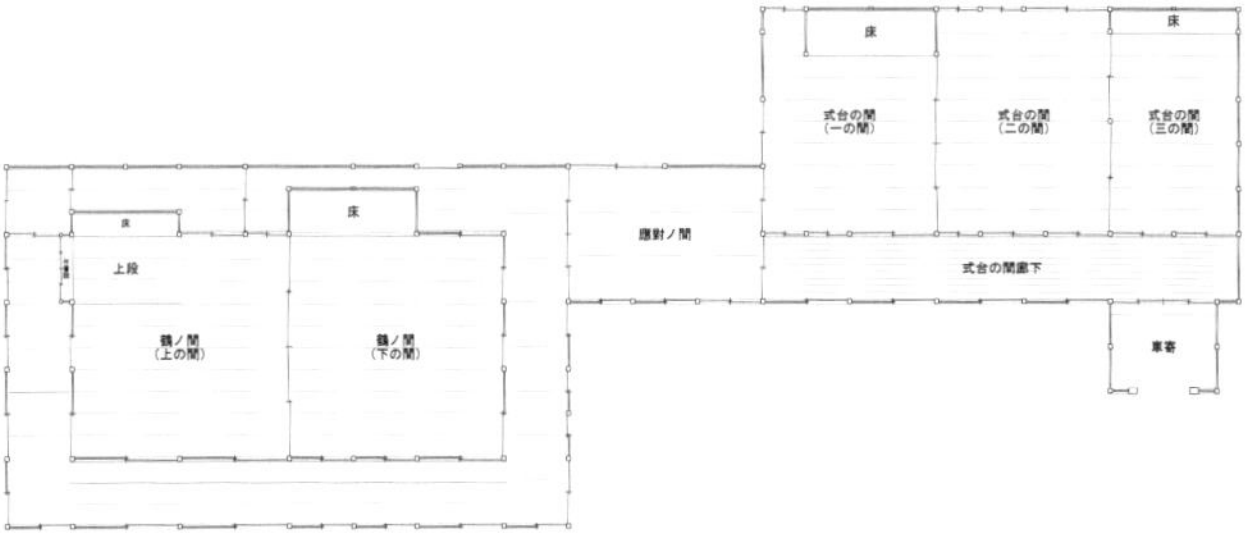

図４　姫路城御本城鶴ノ間および應對ノ間・式台の間・車寄　平面図（復元）

図５　姫路城御本城鶴ノ間（上の間）（復元）（北西から南東をみる）

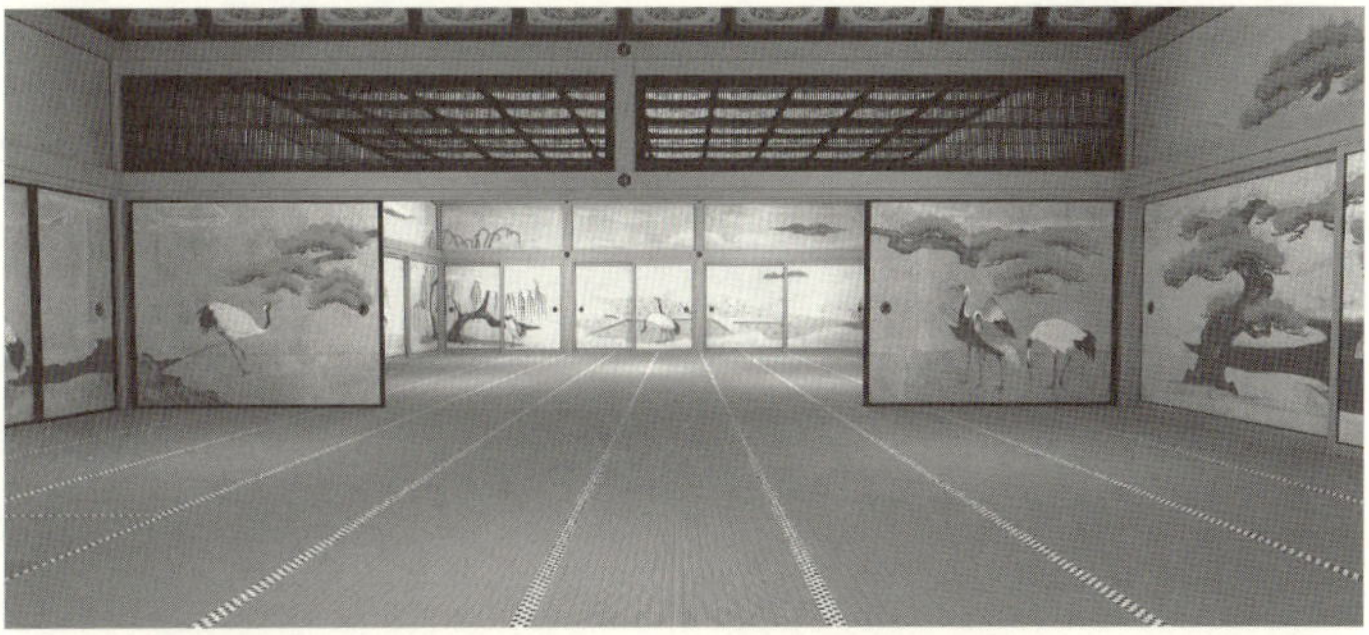

図６　姫路城御本城鶴ノ間（復元）（上の間の藩主座位置から下の間をみる）

図７　姫路城御本城鶴ノ間（下の間）（復元）（北西から南東をみる）

図８　姫路城御本城應對ノ間（復元）（東から西をみる）

図９　姫路城御本城式台の間（復元）（三の間から一の間をみる）

図10　姫路城御本城車寄（復元）（正面）

姫路城御本城障壁画制作の根拠

朝日 美砂子

◇——城と障壁画

城とは、戦時における防御と攻撃の拠点ですが、日常的には藩主の住まい、そして政治の場です。そのため城は、藩主一族の居室、藩士が出勤する詰所、客をもてなす庭や茶室、そして藩祖の遺品を納め武器弾薬・救荒食糧を備蓄する蔵まで備えていました。複合的な機能を城は果たしていたのであり、中でも日々の機能は御殿と呼ばれる屋敷が担っていました。姫路城では壮麗な天守が現存するため御殿は忘れられがちですが、御殿こそ城の日常そのものだったのです。そして御殿は、障壁画で荘厳されるのが江戸時代の常識でした。

今回の事業で私たちに与えられた課題は姫路城三の丸御本城鶴ノ間・虎ノ間障壁画の復元制作ですが、「絵」を描けばいいというものではありません。障壁画自体、襖、腰障子、舞良戸《まいらど》、杉戸などのいわゆる建具、床の間や長押上小壁などの壁貼付、そして天井画など多様な形式があります。建具には框《かまち》や引手が付き長押には釘隠が打たれ、その上に欄間が入ります。障壁画の画題と材質は部屋の格と役割によって変化し、框、引手、釘隠、欄間などの仕様と連動しています。

障壁画復元制作にあたり、部屋の格と役割を検討し他と連動させるのは不可欠の作業であり、今回も諸先生と議論を重ねました。二条城二の丸御殿障壁画の模写に長年従事され国宝の二の丸御殿の中で春夏秋冬の朝夕を過ごしていらっしゃる方々、夏には電波の通じない古民家に籠もる方々との会議は、私にとりまことに貴重な時間となりました。

◇――根拠を探す

御本城鶴ノ間、虎ノ間については、「中根家大絵図」や、「日下雄一郎文書」・「熊谷家文書」中の典礼図、「玄武日記」・「榊原家文書　姫路日記」などにおいて鶴ノ間、虎ノ間という呼称が固定化しており、それぞれ鶴と虎を主役とする障壁画があったことは明らかです。しかし、他に何が描かれていたか、構図や色彩はどうであったかは一切わかりません。寸法はもちろん、舞良戸か腰障子か明らかでない箇所すらあります。お話をいただいたときは、とてもできないと思いました。しかし志賀先生はじめ皆様の熱意によりお断りすることもできず、ともかくできるかぎり根拠を探すことになりました。

私事ですが、名古屋城本丸御殿の復元工事に名古屋城の学芸員として関わったことがございます。名古屋城は第二次世界大戦末期の焼夷弾攻撃によりほぼ全焼しましたが、焼失前に作成されていた実測図（昭和実測図）を根拠として昭和三十四年に天守が復元されていました。ただし鉄筋鉄骨コンクリートでの外観復元であり、平成になり、木造で本丸御殿を復元することになりました。

名古屋城には実測図以外にも古写真が数百枚あり､復元の根拠は豊富と言われてきましたが、設計に取りかかるとわからないことが次々に出てきました。もちろん工事の主体は名古屋市建築局営繕課、設計図を引くのは文化財建造物保存技術協会、現場で作るのは企業共同体の方々と職人さんです。建築には門外漢の私は、ひたすら資料を探して整理し、いろいろな人が共有できるようデータ化することに努めました。わずか十年の資料収集でしたが、わかったことがいくつかあります。まず、「資料はあるべきところにある」ということです。

ここで名古屋城の歴史をかいつまんでお話しします。名古屋城は、尾張藩初代藩主義直の居城として公儀普請、いわゆる天下普請として、徳川家康の命令で築かれました。よって縄張は家康の指示により幕府御大工頭の中井正清が作成しました。正清が作成した公儀普請の指図類は御子孫の方々が所有され重要文化財に一括指定されています。名古屋城についても、設計当初の縄張図と指示書がこの中井家資料の中にあるのです。

完成した名古屋城に住んだのは、義直はじめ代々の尾張徳川家当主です。彼らが作成させた城内外の図面は、尾張徳川家が維新後設立した研究機関である徳川林政史研究所に所蔵されています。しかも尾張藩は記録魔を輩出しており、その代表である奥村得義は、掃除中間頭という職務上城の隅々まで歩き回り、城全域の図面と記録をまとめました。「金城温古録」という名著で、原本は尾張徳川家に献上され、現在は他の徳川家蔵書とともに名古屋市蓬左文庫が所蔵し、翻刻出版も行いました。また草稿類が徳川林政史研究所などに所蔵され、一部は蓬左文庫で画像閲覧が可能です。

姫路城についても、酒井忠以の「玄武日記」に三の丸向屋敷庭園での茶会記があり、今回の庭園ＣＧ作成の根拠になりました。また「姫陽秘鑑」という、「金城温古録」と同様に貴重な記録があります。残念ながら種々の理由により部分的な出版にとどまっていますが、影印だけでも公開できるような予算と人員がつけば、より多くの知見が得られることでしょう。

名古屋城も姫路城と同じく、創建時の建物が多数存在する姿で幕末を迎えます。維新後の明治四年、日本中の城は兵部省の管理下に置かれ、姫路城には歩兵第十連隊、名古屋城には東京鎮台第三分営（第三師団）が置かれました。明治六年、「全国城郭存廃ノ処分並兵営地等撰定方」（いわゆる廃城令）により、諸城が仕分けされました。姫路城では御本城はじめ大半の御殿が姿を消し、名古屋城でも二の丸御殿が壊されました。しかし両城保存の意見が高まり、両城の修理費を陸軍省は政府に要求します。陸軍卿西郷従道名の「名古屋姫路両城保存ノ件」(「公文録　明治十二年　第百一巻」・重要文化財・国立公文書館蔵)という書類は、「当省所轄存城之内名古屋姫路両城之儀ハ、全国中屈指ノモノニシテ、其名古屋城ハ規模広壮、姫路城ハ経営精巧、皆他ニ比類無之。因テ之ヲ修理シ永久保存以テ本邦往昔築城之模範ヲ実見ニ供セラレントス。抑城郭建物之儀(中略)保存修理等ニ巨多之金額ヲ費サザルエヲエズ」と記し、さらに単年度及び次年度以降の修理費を要求しています。姫路・名古屋両城は永久保存すべき名城で、修理は単発では済まないことを陸軍省は把握していたわけです。なお、両城を賞賛する「屈指の名城、規模広壮経営精巧、築城の模範」という文言は、本件以後繰り返されます。けだし名言です。

明治期の城郭保存や修理に関する複数の文書は国立公文書館と防衛省防衛研究所に保管されており、アジア歴史研究センターのサイトでかなりの画像が見られます。ただし画像のない文書も多く、原本の閲覧が不可欠です。

姫路城は現在国が所有し姫路市が管理していますが、名古屋城は明治二十六年陸軍省から宮内省へ移管されました。移管直前の同二十四年に濃尾震災で破損したため再び修理することになり、陸軍が費用を負担し宮内省が施工管理を行いました。よって修理記録は陸軍と宮内省双方が残しており、宮内省側の文書は宮内庁工務課を経て現在宮内庁書陵部に所蔵されています。それらによれば宮内省の主担当は内匠寮技師の木《き》子《こ》清敬《きよよし》でした。明治を代表する建築家となった清敬の資料は東京都立中央図書館に一括して所蔵されており、清敬が名古屋城に出張し作成した詳細な調書や修理設計図も含まれます。

修理後の明治二十六年、御殿と天守を含む名古屋城の西半分が宮内省へ移管され名古屋離宮となりました。名古屋離宮は五十回に及ぶ行幸啓を迎え、また明治天皇・大正天皇御大礼時には賢所の仮安殿とされたため膨大な記録が作られました。一方東半分には歩兵第六連隊が常駐しており、大元帥でもあった天皇は愛知県特別大演習をはじめとする軍事演習に臨席しました。よってその記録写真や絵葉書の中に名古屋離宮が写されています。

名古屋離宮は昭和五年に名古屋市に下賜され、同時に国宝に指定されました。国宝名古屋城の扱いについて市は委員会を立ち上げ審議し、その議事録等から建築の悉皆調査とガラス乾板撮影を開始した経緯がわかり、成果品は野帳とともに今なお名古屋城が所有しています。一方京都市美術学校は学生指導のため障壁画撮影を独自で行い、その乾板も京都市立芸術大学芸術資料館に所蔵されています。

このように、名古屋城については、関係する機関と人を丹念に辿ることにより資料が現れ、それら資料を網のように結びあわせることができました。

さて、第二次世界大戦が勃発し空襲が激化していく中、昭和二十年三月末、襖と天井画が本丸御殿からはずされ、実測図や乾板、野帳とともに城内の倉庫や櫓に移動されました。その直後の五月、大量の焼夷弾を浴び御殿と天守は全焼しました。しかし、襖類と乾板類は焼失を免れました。とくに本丸御殿玄関二室は四周を虎の襖絵と壁貼付で埋め尽くされており、焼失を免れた襖絵と焼失前に撮影された壁貼付の乾板が、今回の姫路城虎ノ間復元制作の参考資料となりました。なお、軍事目的で日本軍と米軍双方が航空写真を大量に撮影していることも付言しておきます。

二つ目に気付かされたことは、資料は日本に、そして世界にあるということです。

近世城郭の筆頭である江戸城諸御殿は、焼失と再建を繰り返し最終的に炎上したため障壁画は現存しません。しかし幕末の再建時に狩野家の幕府御絵師晴川院《せいせんいん》らが描いた伺下絵《うかがいしたえ》類が東京国立博物館と国立公文書館に保存されています。画像が公開され、障壁画制作の過程も晴川院の日記により明らかにされています。江戸城の伺下絵群は、今回の復元の重要な資料となりました。しかも近年、狩野家とともに江戸城障壁画制作に携わった板谷家の絵師による下絵類が東京国立博物館に寄贈され、整理公開されました。その中に従来知られなかった秋草図などがあり、今後武蔵野御殿が復元されることになれば真っ先に活用できると思っています。このように、研究しつくされている、あるいは関東大震災や戦災で資料は焼失していると思いがち

焼失前の名古屋城本丸御殿玄関(二之間から一之間を見る。ガラス乾板写真)

復元された名古屋城本丸御殿玄関一之間

提供：名古屋城総合事務所

な江戸城ですら、新資料が出現します。また、モージャー氏など日本を訪れた外国人によって撮影された写真が、近年続々と知られるようになりました。撮影地点が同定されないまま公開されている写真も多く、地元ならではの新発見が今後必ずやあると思われます。

◇――障壁画復元制作の概略

ここで、障壁画復元制作の指針をまとめておきます。御本城はたびたび改築されたと思われますが、今回は本多期である元和寛永期を年代として設定し、平面図は「中根家大絵図」を根拠としました。障壁画は、江戸狩野の主要画人、具体的には狩野探幽の様式を想定しました。

1　虎ノ間

虎ノ間三十六畳は、本来御本城の正規の入口で、のち能舞台の設置にともない玄関が別に置かれたため入口機能が不要になったと考えられます。「玄武日記」によれば、藩主が江戸参府に出立する時には虎ノ間に家老や年寄が居並びました（安永七年五月十六日条）。

障壁画の配置は、「中根家大絵図」とその他の資料との齟齬を斟酌した上で、北面東寄に三間幅の床の間壁貼付、その西が襖四枚とし、西面は襖四枚、南面は二枚引きの舞良戸四組、東面は二枚引きの襖二組としました。

次に虎という画題ですが、そもそも虎は東南アジアに生息し、日本にはいません。しかし玄関に虎を描く事例は多く、江戸城本丸・西丸御殿（伺下絵・模本が伝来）、名古屋城本丸御殿（襖・腰障子が現存）、二条城二の丸御殿（現存）、大坂城（焼失）などが知られ、南禅寺本坊小方丈、永観堂禅林寺、京都御所常御殿御寝之間も現存します。異国の霊獣である虎には入る者を威圧し内部を護るという意味が与えられたのであり、中国や朝鮮から船載された書画をもとに、同じような姿態の虎が繰り返し描かれました。

床の間の大壁はまさに来訪者を脅かす装置で、名古屋城にならい大滝に虎と豹を配しました。なお豹は、日本では虎の雌として認識され、虎と番《つがい》になります。床の間左の襖四枚は、中央二枚が部屋側（南側）、左右二枚が外側（北側）にはまるため、開いた時の視覚的効果を鑑み中央二枚に主要モチーフである虎と豹を置きました。さらに竹の子を添えて季節感を表し、全体を竹林や水流で連続させました。

これらはあくまでも概要に過ぎず、二条城模写に携わる絵師の方々に浸み込んでいる元和期狩野派の息遣いが、筆を通し紙にうつされ今回の成果となったことは言うまでもありません。

2　鶴ノ間

鶴ノ間二室は、虎ノ間の次にある大広間で、白書院・黒書院が奥に続きます。「晴」の対面儀式が行われる「表」ですが、格は白書院より劣ります。

上の間五十畳は、中に七畳半の上段を設けていました。「鶴間上段」・「鶴間中段」・「鶴之間落間」などの用例が日記類から抽出でき、上段以外は中段とも呼ばれたと思われます。なお安永七年正月六日に謡初めの祝いがはじめて行われ、藩主酒井忠以は「鶴ノ間上段」に着座しました。北面の二間半幅の大床壁、その西の一間半幅の付書院小襖、上の間下の間境の絵襖、西面・南面の建具が、四周を巡ります。「中根家大絵図」を根拠にするという今回の基本方針により、西南面には巨大な舞良戸二組四枚と明障子を入れました。長押上小壁についての記録は見当たりませんが、千姫（元和四年入城）が居した化粧櫓には今も長押上小壁に四分一《しぶいち》が打たれており、かつて絵を押さえていたと考えられることから、鶴ノ間長押上にも絵があったと推定しました（八六頁参照）。

障壁画は、長押上や天井を含め江戸城本丸・西丸御殿表大広間の下絵に倣いましたが、上の間は長押上まで巨松を伸ばし威厳ある空間とし、下の間は季節感を加え流れるような変化を重視しました。とくに冬の枯柳や苅田は二条城二之丸御殿老中之間も参考にしています。

彩色や金地処理については、狩野家の規格にのっとり鶴ノ間・虎ノ間ともに極彩色総金箔押地とし、金雲は胡粉盛上金箔押仕上げとしました。

このような復元制作にいたるまでの考察もまた、将来の姫路城研究への布石となるでしょう。資料を調査し写真を入手し、また翻刻し出版あるいはオープンデータ化し、その状態を永続的に維持していくのには、膨大な人、時間、そして経費が必要です。特別史跡であり国宝建造物八棟と重要文化財七十四棟を有し、そして世界遺産である姫路城にあっては、他史跡の規範となるような事業を率先して行い継続していただきたいと願っています。

御本城の復元　華麗なる障壁画の制作工程

荒木　かおり

◇――はじめに

私は、京都にて川面美術研究所という文化財の絵画、建造物彩色の修理復元を業務とする研究所の代表を務め、私自身も絵を描く絵師でございます。

京都では、二条城二の丸御殿障壁画の復元模写制作に四十年ほど携わっております。

また、障壁画関係では、地震の被害を受けて現在復旧作業が進められています、熊本城本丸御殿の復元された建物内部の一部の障壁画を、古文書史料などからおこして復元するという事業もさせていただきました。

これらの経験から、今回姫路城三の丸御本城の障壁画復元にも声をかけていただき、参加させていただきました。

姫路は城下町の雰囲気が色濃く残り、町の中心である白鷺城が町のシンボリックな建物として、同時に皆様方の心の中心的存在とお見受けいたします。

障壁画復元については、創建時の障壁画関係資料も少なく、些か不安ではありましたが、御本城の成立時期、筆者推定など朝日美砂子先生から多くの助言をいただき、何とか形にいたしました。

本日は、その工程と当時障壁画がどのように成立していったのかを、絵師の立場からお話ししたいと思います。

◇――姫路城障壁画の復元制作

今回、復元する年代を本多忠政時代の元和、寛永（一六一五～四四）と設定されたことから、制作は当時の障壁画画家集団の最大手、狩野派であったであろうという大前提を立てて復元制作に取り組みました。もちろん原寸大での復元ではなく、CGに取り込まれる大きさで約二十分の一とし、画材顔料、金箔などは、当時使われていたであろう素材を選択しました（写真1）。

元和、寛永期はまさに築城ラッシュ、障壁画大量生産の

写真１　姫路城障壁画の制作風景

時代でもあり、参考作例はたくさんあります。私がライフワークとしています二条城二の丸御殿も同時代ですし、朝日先生のご専門の名古屋城も同じく元和、寛永です。これら二つの城の障壁画をベースに検討を重ねました。

江戸時代の文献には、障壁画を制作する過程で「伺い下絵」という言葉が出てきます。これは、絵師が注文主に「このような絵でいかがでしょうか」と伺うために描いた下絵のことです。今の言葉で言えば、クライアントへのプレゼン資料ということになりますでしょうか。

写真２　鶴ノ間上の間北面の下絵

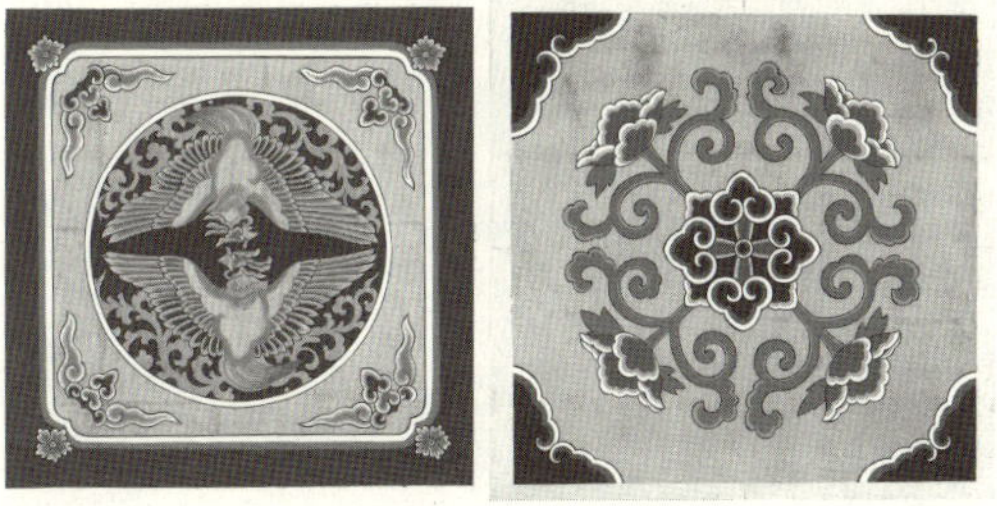

写真３　鶴ノ間の天井絵（左：上の間、右：下の間）

このあたりが、今の画家と江戸時代の絵師の大きな違いかと思います。私も職業を聞かれたときに自分は「絵師です」とお答えしています。

これはクライアントさんのご

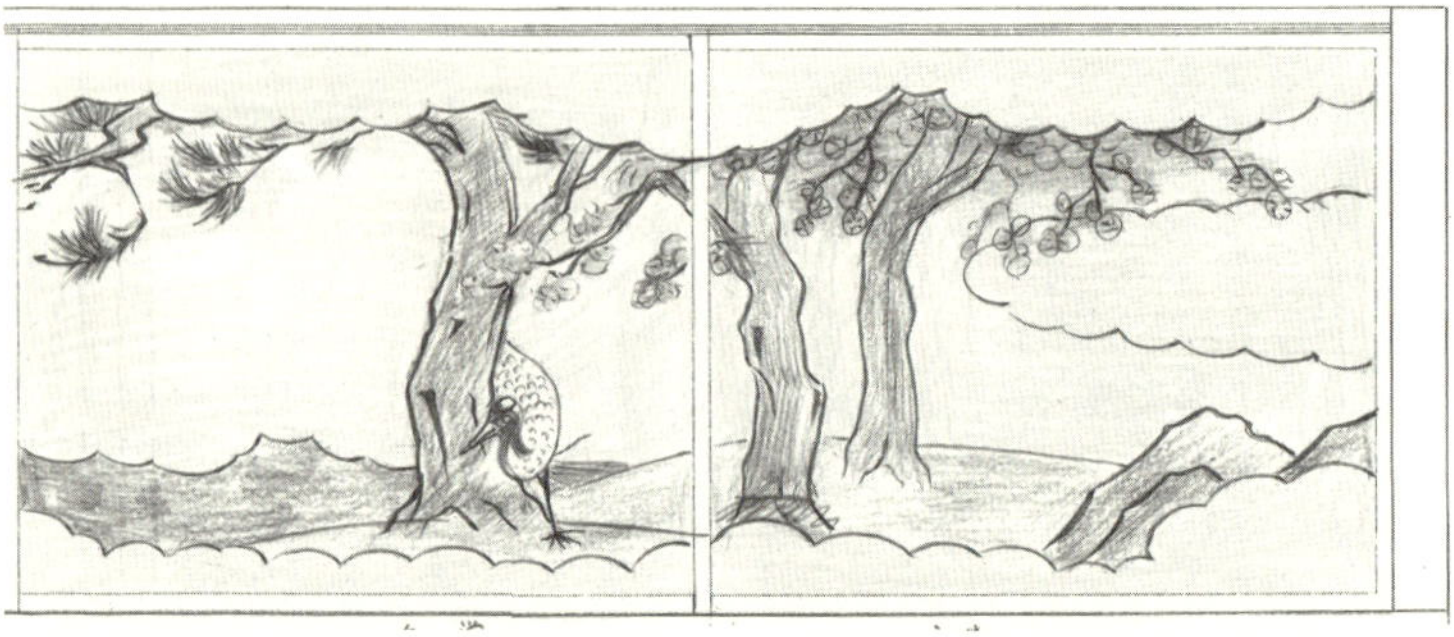

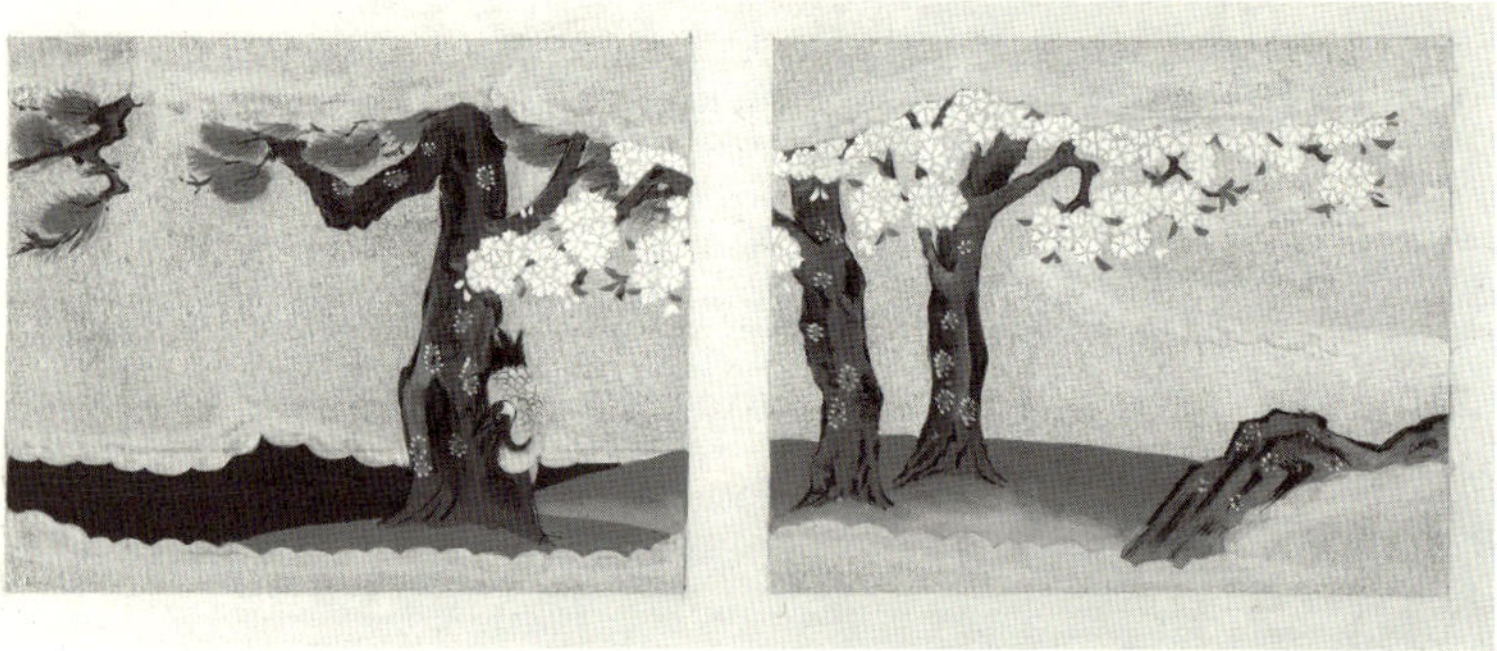

要望を聞き、それにお応えする絵画を制作する、という立場です。いわばオーダーメイドの絵画制作ということになります。

江戸時代では城主の好みにより画題が決定され、何度も修正を加えながら練り直していく過程が、江戸城障壁画下絵を見ているとよく分かります。

京都御所御常御殿障壁画小下絵についても、面白い資料が残っています。

御常御殿新築に際し、障壁画下絵コンペが行われ、いろ

写真４　鶴ノ間下の間西側　下絵（上）と完成図

んな絵師たちが競って伺い下絵を作っているのですが、本画（完成した襖絵）よりもむしろ生き生きした下絵があるように私は思います。それほど、下絵というのは重要な存在です。

今回の私どもの制作も、伺い下絵を作ることから始めました。小さいサイズで墨と色鉛筆など簡易な画材で描き、先生方の意見を聞きながら練り上げていく作業を繰り返しました。

姫路城におきましては、建築構造の決定と同時進行で下絵に取りかかっていましたので、襖のサイズ、床の間のサイズなどが変更になると、障壁画の内容にも影響が及んでくるということがありました。

障壁画を考案するときは、部屋の格式、使用目的などによって絵の構図を検討していきます。

鶴ノ間の上の間は一番格式が高いということから、松とタンチョウ鶴、真鶴を格式高く描きました。天井も折り上げ格天井、床の上の天井も同様の図柄でデザインしました。これらは江戸城の障壁画を参考にしています（写真2、3）。

下の間は上の間より少し柔らかい表現とし、鶴が主題ではありますが、季節感を挿入しました。春は桜満開と巣籠のひな、夏は水辺で遊ぶ鶴、秋は苅田と蔦紅葉、床貼り付けは冬。雪景色の中の鶴といたしました（写真4）。

江戸時代に流行した東西南北に四季を配するという四方四季という考え方は、季節感を上手に取り入れ、いつの季節にも使える日本人の感性が活かされていると思います。

虎ノ間は巨大な床貼り付けが目を引きますが、ここには名古屋城の虎の間、二条城の虎の間を参考にさせていただきました。大床は虎だけでは空間が持たないので滝の流れを取り入れた構成にしました。

二十分の一という小さな画面ですが、使用した画材は二条城障壁画模写で使用している材料と同等のものを使い、工程も小さいながら省略することはできないので、同様の工程を踏まえて制作いたしました。二十分の一ですので鶴の羽の毛描きや虎の毛描きには、拡大ルーペをかけながらの作画になりました。

◇――二条城障壁画の制作工程

障壁画の制作工程は、二条城障壁画制作工程を例にご説明します。

二条城では、現存する二の丸御殿だけで二千面近い障壁画があります。それらを保存するための模写事業が昭和四十七年から行われています（写真5）。二条城は姫路城と並ぶお城人気のスポットで、二〇一七年度は約二四四万人の入場者がありました。その人々の観覧によるダメージから障壁画を守るために、オリジナル障壁画は収蔵庫に保管し、模写障壁画を御殿に嵌めて観覧者に見ていただくという京都市の事業です。

写真5　二条城内川面美術研究所模写室での作業風景

この膨大な障壁画の模写事業の開始から五十年近く経過

していますが、いまだ完成はしておりません。

現在ではデジタル復元が脚光を浴びていますが、昭和にはもちろんそのようなものはなく、伝統的な技法で模写をすることしか選択肢はなかったのですが、今となっては、貴重な技術の伝承という大きなミッションも担い、障壁画の保存と共に技術の保存にも力を注いでおります。

では、制作過程をご紹介します。

まず、オリジナルの障壁画をトレースします。本来の伝統技法の上げ写し模写では薄い和紙にトレースするのですが、二条城障壁画の場合画面が大きく、和紙ですと湿気による伸び縮みがあることから、伸縮のないフイルムにトレースしています。

次に、模写画制作の下準備をした和紙に、念紙（和製カーボン紙）を使ってトレースを転写します。

金箔を貼るときは絵の部分には金箔を貼らないようにするため、絵の部分のみ和紙にて面蓋（マスキング）を施します。

金箔は江戸初期と同じサイズの物を特注し、それを膠にて押していきます。

その後は天然顔料の群青や緑青、朱など、当時と同素材を使用しながら描画していきます。

全体の調子を見ながら、狩野派の筆法に立ち返り、原本、トレースを熟視し、監修の美術史の先生の指導を得ながら完成に向かっていきます（写真6）。

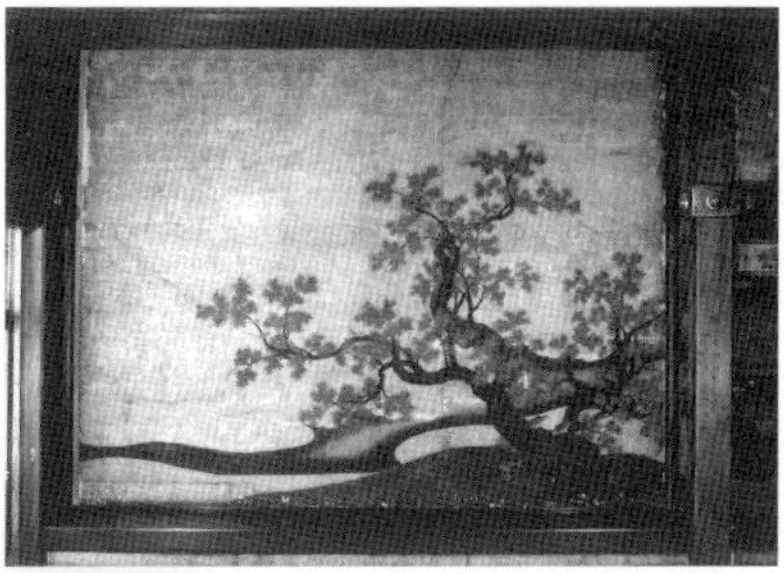
二条城遠侍勅使の間東側床貼付
絵原本

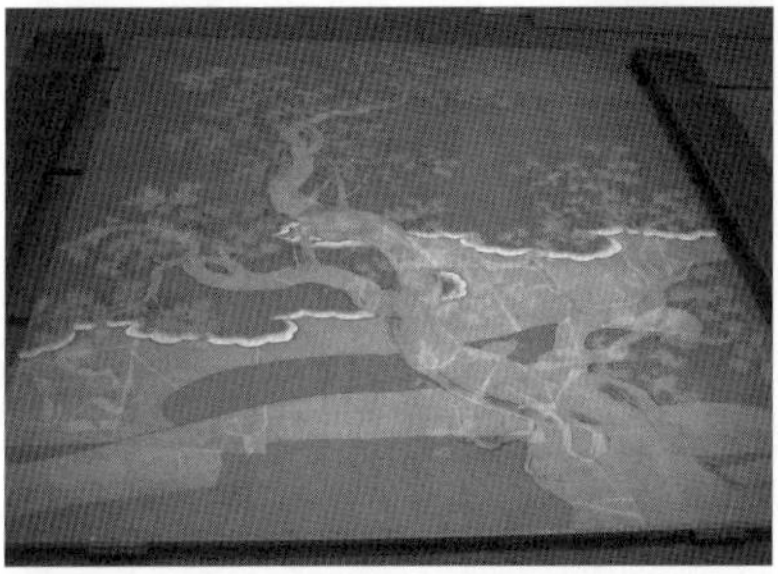
二条城遠侍勅使の間東側床貼付
絵模写工程

模写完成図

写真６　二条城障壁画の制作工程

色調は、二の丸御殿の建造物が四百年の年月を経た古色を帯びていますので、絵画の色調も経年変化を加味した古色復元としております。

このようにして模写制作を行っています。この過程は冒頭でお話ししましたような伺い下絵を練るという工程は経ていませんが、三名程度が常駐しながら十数面を制作しております。

二条城二の丸御殿は後水尾天皇の行幸のために建てられたお城で、建築工期は三年だったようです。当然ながら障壁画の制作もこの三年間で二千面近い画が描かれたという、信じられない歴史の事実があります。

当時の人達の営み、狩野派の組織力とはどのようなものだったのか、いつも私は不思議に思っております。

姫路城も同時期の建造物です。

同様のことがこの地で繰り広げられ、この巨大かつ美しい建造物が活気あふれる人々の力で作り上げられたということに思いを馳せると、タイムスリップして覗いてみたい気分にさせられます。

色々なお城の障壁画を見、復元を通して、江戸時代の人々の感性に学び、技法と共に、平成の時代、次の時代へとつないでいかなければならないことを痛感いたします。

史料から見えてきた 姫路城とその城下

工藤 茂博

◇――はじめに

このテーマは、私が「姫路城公式ガイドツール企画委員会」にオブザーバーとして携わったことに由来します。この会では、『姫路城公式ガイドブック』の発刊、三の丸御殿など失われた姫路城施設のコンピュータグラフィックス（ＣＧ）による復元、姫路城に関する史料を映像アーカイブとして公開するサイトの構築――この三つを柱とする事業を展開することを目的に設置されました。

『姫路城公式ガイドブック』は、数多い既存のガイドブックとの差別化を図らなければなりません。差別化のポイントとして、失われた姫路城のＣＧ復元の項目が盛り込まれた点が一番大きいと思います。具体的に言うと、三の丸御殿と城下町をＣＧで描き、視覚化するということです。これには、近世城郭としての姫路城の全体がわかるツールにするという目的がありま す。またＣＧは建物を実際に建てるのとは違い、問題があれば修正が容易であるという利点があります。ＣＧのソフトが使いやすくなり、安価で入手できるようになりましたから、少し勉強すれば絵は描くことはできますが、公式という名をつける以上、質が低いＣＧでは使用に堪えません。そのため今回は、建築や美術、庭園などの専門家の先生方の力を借りて、往時の姫路城に迫るという試みを行ないました。

料理の世界にたとえると、専門家の先生方がシェフとして腕を振るわれるためには、たしかな食材を揃えなくてはなりません。その調理法がCGによる復元作業でも、当然、食材（史料）は絶対に不可欠です。自由度の高いデジタルの世界だからこそ、食材の質が厳しく問われることになります。ここではその食材、つまり先生方に提供した史料、あるいは史料を探すなかで見つかった別の史料といったものを紹介したいと思います。

◇――姫路城関係史料の種類

まずCG復元のための「食材の準備」を行なうわけですが、大まかに以下の四つに分けることができます。

ア　絵画……江戸時代の絵図（姫路城下図、姫路城図など）
イ　文字……江戸時代の記録（日記、勤方控など）
ウ　写真……近代初頭の撮影（古写真、絵葉書など）
エ　その他……木図、地積図など

まず「ア　絵画」はこの事業において、ベースになる部分です。とはいえ、絵図はそれぞれがなんらかの目的や用途を前提として作成されたものなので、必ずしも今回のCG制作に好適なものばかりとは限りません。とくに城下町の町並みを再現することになると、それに充分足るだけの情報を有した絵図や図面は少ないという実情があるので、それをほかの史料で補っていく作業が必要になってきます。

それに相当するのが、「イ　文字」「ウ　写真」ということになるのです。「エ　その他…木図、地積図」は、今回の企画のうえでは不足分を補うものにはなりません。たとえば木図ですが、天守は現存していますから、木図があるからといって今回の企画内容を左右するようなことにはなりません。しかし、今後姫路城のことをさらに調べていくにあたって、木図や地積図といった史料があることを予備知識として蓄積しておくことは無駄にはなりません。

問題点としては、そういった姫路城の史料がたくさん出てきた、あるいは、たくさんあったとしても、すべてが使えるわけではないということです。それは、先ほど言ったように、今回の企画に合う・合わないということがあります。それから、時期の問題があります。ある時期を想定して復元していくわけですから、江戸時代約三百年あるなかで、この史料だったら江戸時代初期の姫路城はわかる、江戸時代後期の史料だとこちらだ、それをうまく合わせて一つの姿にするというのは、ちょっとやり過ぎる危険もあります。そのあたりをどう調整していくかという問題が、作業する上ででてくるわけです。

いずれにしても姫路城の場合、たくさんの史料があるようで、実はそう多くはありません。江戸末期から明治初期にかけての三の丸や城下町の古写真がもっと見つかれば、かなりやりやすくなっただろうと思います。というのは、建物の間取りについてはいくつか史料がありますが、その上部構造、あるいは外観がわかる史料は無いに等しいのです。それを補完するには、建物の指図《さしず》や古写真があるといいのですが、いままでのところ新しいものは見つからず、これまでに見つかったものを使わざるをえませんでした。

そんな状況をブレークスルーするために「イ　文字」、つまり江戸時代の記録をひも解く作業があるわけです。これらのなかから建物の内部を書いた記録も出てきますので、そういうものを一つでも多く拾い上げていって、実際にその建物なり場所で人間がどのような動きをしたか、どのような使い方をしたかを、パズルを当てはめるように一つ一つ組み上げていく、そういう地道な仕事が必要になってきます。

また、姫路城は城主が何回も交替したところなので、姫路城主を経験した大名家の史料のなかに、姫路にいたときの記録が残っていたりします。その中に姫路城の記述がないかを調べることも大事です。それを念頭に置いきながら今いくつか史料を見直しています。活字になっているものは拾い上げるのが容易なので、たとえば『前橋藩松平家記録』などから始めています。その中にある宝暦二年（一七五二）六月十三日条は次のような記事です。

一　長局掟書張置候様ニ可致旨、老女成瀬江月番年寄相渡之、左記之
　但　出ケ原竪紙ニ小祐筆認之
　覚
一　女中末々迄猥ニ無之、諸事作法宜相慎可申事
一　奥向御用成瀬諸事指図可申候間、申聞候御用筋承届無滞可相調事
一　長局用事向、冨樫官右衛門諸事御賄江相談、可相弁事
一　火之元入念官右衛門引取候後者、車戸番心を付相廻可申事
一　惣而男女乱に入交申間鋪候、官右衛門平日細に心を付可申候事
　付　宿其外より人来候者、官右衛門申談可差図請事
一　所々奥向錠官右衛門入念可申候、自然近所出火之節、退所心を付錠懸茂開キ候様ニ可致事
右之趣常々無怠慢心を付、可相守もの也

前橋藩松平家の奥の取り決めについての記事で、松平家が酒井家と入れ替わりで姫路から前橋に移って三年も経たないころのものです。ではこれが姫路時代の松平家の奥にそのまま当てはまるかというとなかなか難しいのですが、参考史料にはなります。姫路城の奥について不明な部分を考えるには、このように何かで補っていかないといけません。

なぜこの記録を挙げたかというと、私が姫路に来て城を案内してもらったとき、百間廊下で当時のガイドさんが「西の丸長局の女中はタラヨウの葉に注文の品を書いて御用聞きの商人に渡して注文した」と説明されました。そのとき、あり得ないだろうと思いました。この記録を見るかぎり管理担当者がいてシステマティックに動いていることわかるでしょう。

◇――現状から江戸時代の植生を語ることの危険

今回の事業で画期的だと思っているのは、三の丸向屋敷の庭園を復元したことです（カラー口絵参照）。

姫路城を案内する仕事が最近増えてきましたが、そのとき「江戸時代、天守のないお城はあっても、庭のない城は絶対にありません。庭と御殿と多門櫓はどんな小さな城にも絶対にあります」と説明します。近世城郭にとって大事なのは、御殿であり蔵であり庭であると。江戸時代はこれらがないと城ではない、という認識があったのかもしれません。しかし、姫路城には天守よりも〝大切な〟庭が残っていません。今回はその大事な部分を復元しました。

庭に限らず、姫路城内の植物がどのようなものであったかは、ほとんどわかりません。「原生林」「原始林」と呼ばれる姫山の北斜面でさえ、本当はどのような木々がどのくらいの密度で生えていたかということも正確にはわからないわけです。ですから姫路市は公文書で「原生林」「原始林」という言葉を使うのをやめて、「姫山樹林」という名称を使うようにしています。つまり、植生については、現状から江戸時代の植生を類推して語るのは大変危険なのです。たとえば初夏のころ、姫路駅から大天守を眺めると、広峰山系の深い緑をバックにして、天守の白さが際立ちます。ところが江戸時代は里に近い山は燃料や建築資材、肥料にするために木が伐採されてほとんどの山がハゲ山でしたから、深緑を背景に白さが映える天守を本当に見ることができたのか疑問です。植物や景観は、人が手を加えることだけでなく、自然環境によって大きく変わるので、今と昔を短絡的に結びつけるわけにはいきません。先ほどタラヨウの話をしましたが、これなどまずは疑ってみなくてはならないのです。

◇——松平直矩の日記から考える江戸時代の城の植栽

三の丸向屋敷の庭園の復元にあたり、「食材」を揃えないといけませんので、『松平大和守日記』における庭園や植物関係記事を用意しました。

『松平大和守日記』は、松平直矩（一六四二〜九五、姫路藩主一六四八〜四九および六七〜八二）の日記です。映画『引っ越し大名！』（二〇二〇）はこの直矩の映画で、将軍綱吉に寵愛を受ける柳沢吉保の逆鱗に触れた松平直矩が、姫路から豊後国日田に転封させられるという小説です。原作では、江戸城中で松平直矩が柳沢吉保に色目を使ったから吉保ににらまれたという話になっています。本当かどうかはわかりません。ただこの日記を読むと、直矩が奥さん（側室）とは仲がいいのはわかります。昔は男も女も好きな人は珍しくはありませんが、少なくとも日記を読む限りでは、奥さんが大好きないい夫で、花を愛でるのが好きな、非常に優しい人だったのだろうと想像します。

松平直矩は何回も転封しているのですが、姫路に来る前は越後国村上（現在の新潟県村上市）にいました（一六四九～六七）。ある日、播磨国姫路に移ることになるという知らせが江戸から来る、そのとき直矩が何をやっていたかというと、領内の川に家臣を引き連れて行き、川鵜を使って魚を捕っていました。そこに村上城下から家臣が早馬でやって来て、「国替のようです」というので、慌てて村上城に戻った、そういうことも書かれています。

当然、日記には直矩の関心のあることが書かれています。

寛文四年（一六六四）七月十七日　伊白丸《いはくまる》庭へ、本丸より木共《など》取寄植

村上城はすごく高い山城で、御殿は山の下にあります。山の頂上が本丸で、くだって二の丸、三の丸となります。この記事ように、どこから木を持ってきてどこに植えたかということが細かく出てきます。直矩は正妻とのあいだには子どもが生まれなさそうだということで、京都か

ら公家の娘を側室に迎え、村上城の伊白丸というところに御殿をつくって住まわせています。その伊白丸に庭を作ろうということで、木を植えた。本丸は山の上ですから、ときどき側室が女中を連れてピクニックに行くぐらいで、普段は人がいないところです。そこに生えている木を持って下りて植える。この記事を読んだときに、姫路城の好古園のところに昔あった「樹木《じゅもく》（きぎ）屋敷」にはこういう役割があったのではないかと思いました。つまり、木が植えてあって、城内で必要なときにそこから木を移植する、そういったプラントみたいなところが樹木屋敷ではないか。まだ裏付けられていないので、今のところ仮説です。

同年七月十八日　終日、伊白丸木植替させ見

伊白丸の庭づくりには直矩も結構力を入れているようで、木を植え替えさせて自分もそこに見に行っている。そこにどういう木を植えるか。

同年八月十日　伊白丸ニ、桜入用《にゅうよう》ニ候間、思寄《おもいより》次第可給之由《たまうべきのよし》、家中へふれる、今日ノ内も少々来植也

直矩が家臣に「側室の邸宅に桜を植えるから、桜をよこしなさい」と言っている。

同年八月十一日　多桜くるゝ者有之

なんと優秀な家臣団でしょう、殿様が言ったら翌日にはたくさん桜が集まった。ということは、家臣も自分の屋敷で普段からいろいろな木を育てて、一種の植物園や植木屋のような役割

を果たしていた可能性があります。

今回の復元では城下町も描いてもらいましたが、たぶん家々の庭までは筆が及んでいないはずです。なぜならわからないからです。もし具体的なことがわかればそれも反映させるとおもしろいと思いますが、今後の課題になるかと思います。

村上城では少なくとも御殿に桜が、あるいは二の丸にも桜が植えてある。あと梅も植えてあって、そういうところで花が盛りになると、家臣を呼んで花見が催された。

同年三月二十二日　二之丸庭之桜さかりニついて、小河原権八、村野九郎三郎、堀中与市右衛門、好田次郎右衛門、太田半右衛門、小島喜兵衛、小姓大形呼酒宴
姫路城でも酒井時代には花見の記事が出てきます。三月のことで、何の花かは書いていないのでわかりません。「梅がたくさん採れてうれしい」といった記事もあるので私は梅ではないかと思いますが、時期的に桜の可能性もあります。村上城のこの記事は、はっきり桜の花見だということがわかります。

この寛文四年には直矩は村上にいましたが、翌五年になると直矩は江戸に行き、国元には側室だけということになります。先ほど非常に仲がいいと言ったのは、この年の四月のところです。

寛文五年（一六六五）四月一日　二之丸より文越、廿一日之時分漸花盛にてあるよし、梅

桜文の中二包こめて来うた

花びらが添えてある手紙が来たという。二の丸の御殿に花が満開なのを旦那様にも知っていただきたいということなのでしょう。読んでいてほっこりする場面です。

寛文六年（一六六六）四月三日、　庭石大小弐ツ、大つき村近磯より取之、瀬波《せなみ》迄舟にて、

門迄車、それよりしゆりにて人八十程にて、申ノ上刻二之丸庭へ入

瀬波は村上城の外港になり、日本海に面する港です。その近くの磯から大きな庭石を、港までは舟で運んできて、門までは車で来て、門からは修羅に載せて八十人で引っ張って城内の二の丸へ入れた。この二の丸は、山の上の二の丸なのか、側室のいる伊白丸の隣にある二の丸なのか。この文章からだけではわかりませんが、私はたぶん後者だろうと思います。

こういう大掛かりな庭づくりをしていた直矩が姫路に来たら、それなりのことはやるだろうと想像できます。それでは寛文七年のところを見てみましょう。

寛文七年（一六六七）に姫路に国替えされた直矩は、最初の一カ月ぐらいは江戸にいて、そのあと姫路に入ってきました。寛文七年の約一年弱で、庭や植物に関する記録を三十一項目、拾い上げることができました。直矩がいかに庭や植物に関心があったかわかります。

寛文七年（一六六七）八月二十四日　村上より大廻舟到着、植木等来餝万津迄上ヶ候よし

也

わざわざ村上城の木を舟に積んで、姫路の飾磨津まで運んできた、それぐらい植木に執心していました。国替のときには城の受け渡しがあり、そのとき建具などはちゃんと残っているかどうかチェックしますが、さすがに植物までは次の城主に引き渡すことにはなっていなかったのでしょう。

この記録を読むと、姫路城のなかにどんな種類の木々を植えていたかもわかります。多く出てくるのは、サツキ、ツツジといったものです。ですから春、姫路城の三の丸には、ツツジが咲き誇っていたイメージが目に浮かびます。今ツツジというと、濃いピンク、あるいは白い花を思い浮かべることが多いと思いますが、直矩は「さざなみ」という青紫色の花を咲かすものを取り寄せています。また、ほかにもたくさんの種類を取り寄せています。

同年七月十二日　八田同所植木屋太兵衛江戸より来、見廻ニ相越付也

植木屋は江戸から呼んだ植木屋ですから、全国的な流通網を利用して自分が気に入ったものを買い求めたということが考えられます。

江戸時代の姫路城の植生は、この『松平大和守日記』や『玄武日記』（酒井忠以の日記）などの断片的な記述から知ることができるだけです。ですから、江戸時代の姫路城の植物のかたち、どこにどういうものが植えてあったかを復元するのは非常に難しいなかで、今回復元を進めたことになるのです。

向屋敷には、大きな池が庭にあって、その池の周りに築山をつくりそこに木が植えてあり、池の真ん中にある島にはいろいろなところから集めてきた珍しい石が並べてあるということが、ある絵図から考えられます。その絵図はまたあとで見ていきます。

◇――姫路城下町（姫路町）復元の素材

- 酒井家史料「姫路侍屋敷図」一八世紀半ば（『姫路市史』一一巻上　付図）
  実測図　道路や武家屋敷地割→ベースマップ
- 大谷家所蔵「姫路城図屏風」一七世紀後半カ（大手前公園換気塔に掲示中）
  建物が三次元で描写　最も欲しい情報
- 姫路市史編集室蔵「高須隼人屋敷図」　家老屋敷
- 姫路市立城内図書館蔵「大工幾蔵図」（『姫路市史』一四巻）

酒井時代の「姫路侍屋敷図」は、今回の城下町の復元にあたってベースマップになったものです（図1）。約一六〇〇分の一で描かれた実測図ですので現在の地形図の上に重ねることができ、そのままCGに応用することが容易です。

街路は、江戸時代の街路が現代と重なっているところが多いので、近現代の地図をもとに復

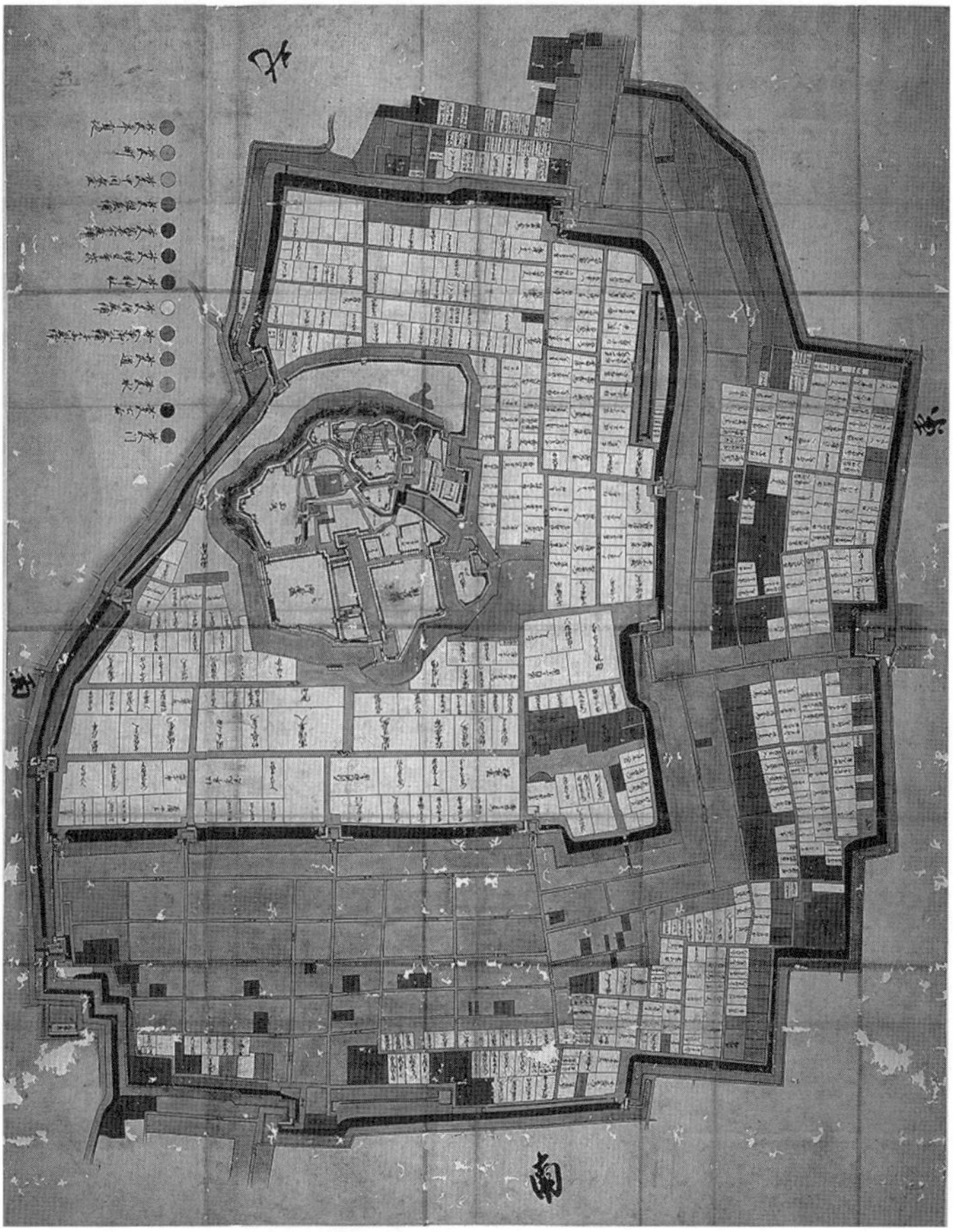

図１　姫路侍屋敷図（姫路市立城郭研究室蔵）

図２　姫路城図屏風に描かれた内曲輪（大谷恵一氏蔵）

元することができます。問題は町屋の屋敷割がよくわからない、そこに建っていた建物がどういうものかわからない、武家屋敷もよくわかりません。そこで大谷家所蔵「姫路城図屏風」などを参考に描いてもらうことになります（図２）。ただこれも、あくまで絵ですので、正確であるとは限りませんが、建物の上部構造を類推するうえでは有効な史料になるかと思います。

現在の大手門前の便益施設のあたりにある家老屋敷跡公園は、高須隼人の屋敷が建っていた場所になります。この高須隼人邸の平面図が姫路市史編集室蔵「高須隼人屋敷図」です。こういう平面図は何枚かありますので、家老クラスであればこんな感じの屋敷かなという、規模くらいはわかるのですが、どんな建物が建っていたのか、この建物は瓦葺きでいいのか、などは図面からはわかりません。あとは建築史の専門家の経験や知識に頼って描いてもらうことになりました。

多田初治さんが描いた復元図は、姫路市立城内図書館蔵「大工幾蔵図」（図３）などを基にしています。これも読み込んでいくといろいろなことがわかってきます。

永堅啓子さんの「近世後期における姫路藩酒井家の家中屋敷地・居宅の再編成策について」（『城郭研究室年報』第10号）は、姫路藩の家臣団のランクと、そのランクごとの居住エリアと屋敷の構成についての論文です。それを基に五段階ぐらいに分けて、そのランクで色分けしたものも復元の参考にしていただきました。

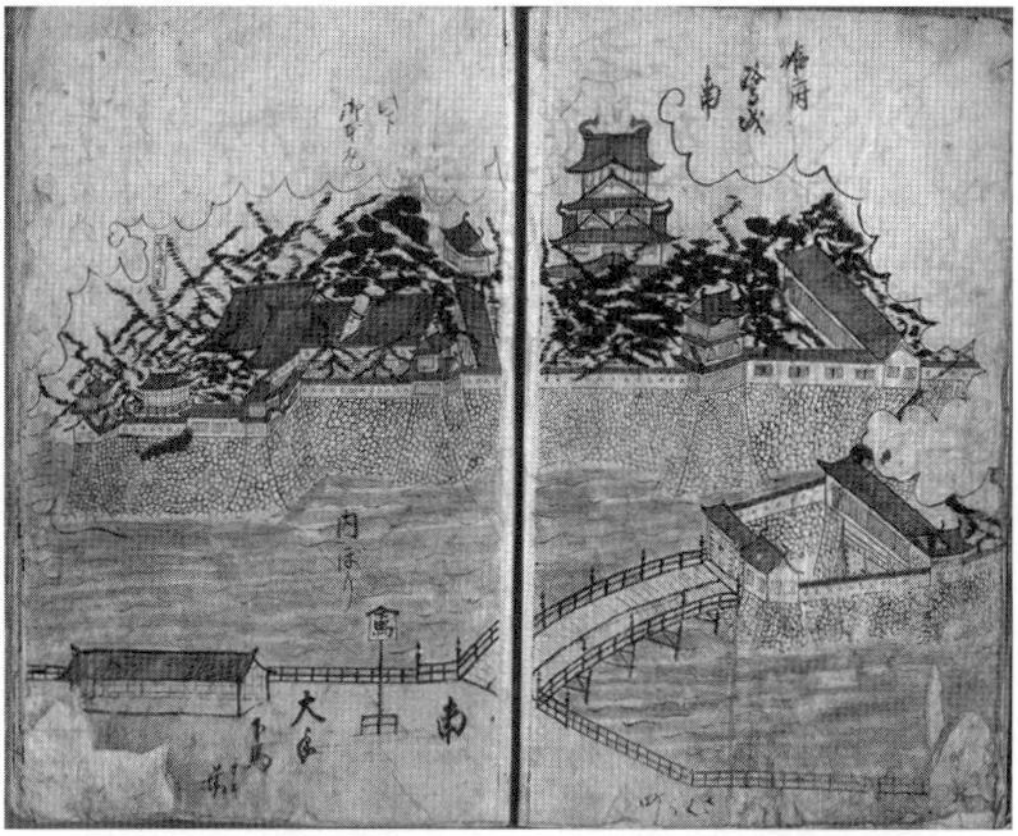
図３　大工幾蔵姫路城図（姫路市立城内図書館蔵）

町家に関しては充分な史料が揃わず、本当にわかりません。今あるのはこういう史料です。

- 姫路町の本陣と脇本陣（『姫路市史』三巻三章第三節）
- 大久保家所蔵「姫路城下諸町絵図」一八世紀半ばごろ（『姫路市史』三巻付図）
- 『姫路土地宝典』昭和一一年「姫路城下諸町絵図」にない町部分の参考
- その他…近代の絵葉書や写真など

◇――姫路城（内曲輪）復元の素材

城内のことがわかる史料は、つぎのようなものです。

・前掲「姫路侍屋敷図」「姫路城図屏風」

・大久保家所蔵「姫路城下町図」（『姫路市史』一一巻下付図）

　向屋敷の唐笠間と庭園の様子

・中根家所蔵「播州姫路城図」（『姫路市史』一一巻下付図）

　実測図　御殿群の平面図

・『玄武日記』などの酒井家史料にみえる記述

　主な部屋の間取図　柱位置が微妙に異なる→襖の大きさ等に影響あり

　「播州姫路城図」に記されていない部屋名称、用途など

中根家所蔵「播州姫路城図」は、これが一九九七年に発見されたことで姫路城の御殿に関する情報が一気に深められた史料です（図4）。この図にある御本城の「風呂屋（湯殿）」には、松平直矩も姫路に来てから使っています。榊原忠次（一六〇五〜六五、姫路藩主一六四九〜六五）もここで風呂に入っています。なにか有名な「姫路に行ったらここだよ」という評判の

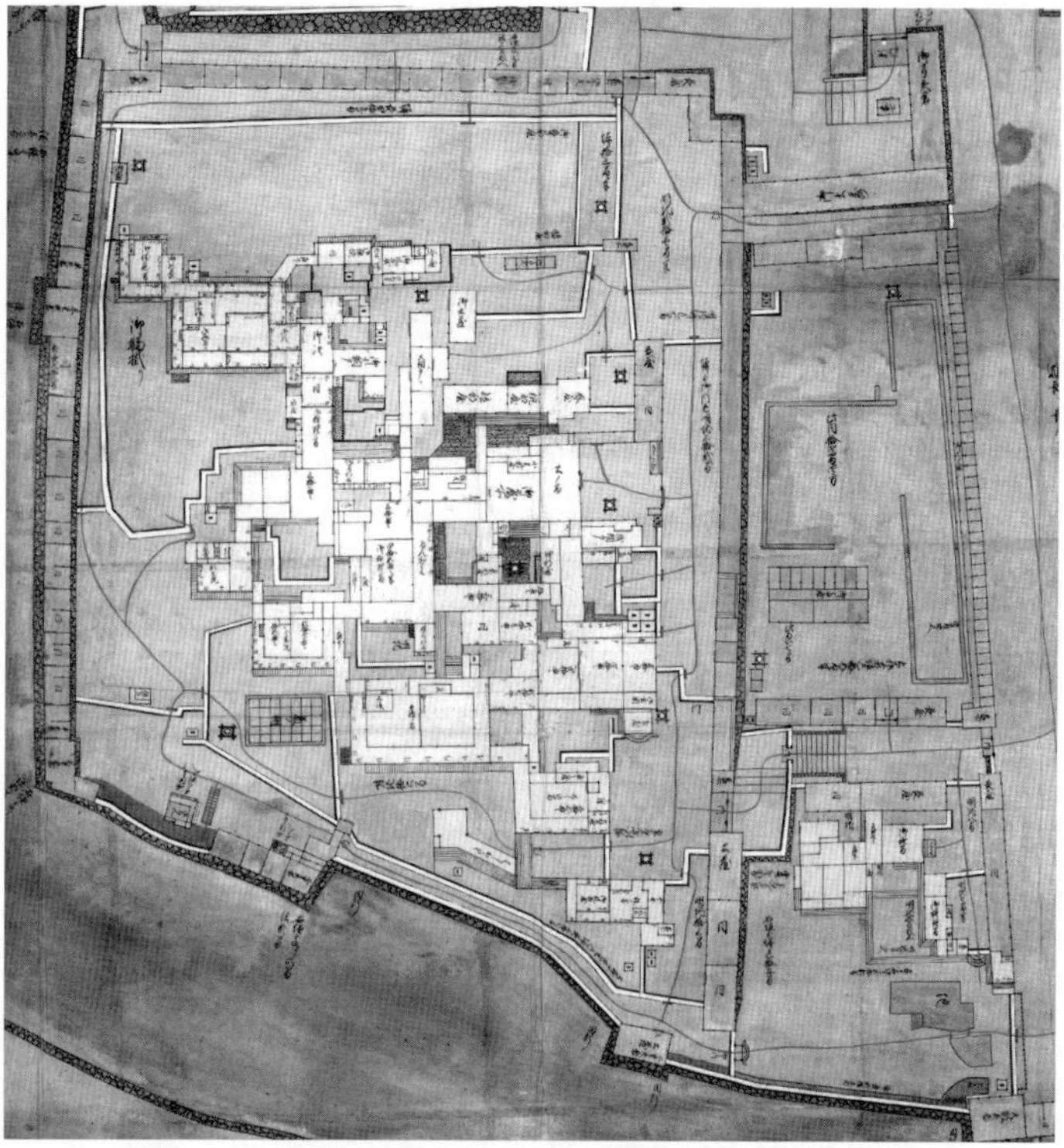

図４　播州姫路城図　三の丸御本城部分（中根忠之氏蔵）

施設があったのでしょうか。

「姫路城図屏風」には、瓦屋根と檜皮か何かの屋根が描き分けられています。こういうものも参考に上屋を描いていただきました。

最近では古写真もいくつか出てきました。なかなか御殿そのものは写ってはいないのですが、古い写真が少しは残っているという、希望を与えてくれる事例です。そのなかで長崎大学附属図書館蔵の古写真は衝撃でした。備前丸の台所など、いろいろな建物がはっきり写っていたからです。

御殿の復元では内観の復元もなかでも難しいところです。座敷がいくつもあってその中にいろいろな装飾があったはずです。広間の襖にはどんな絵が描かれていたかというのは姫路藩の記録には出てきませんので、これも美術史の専門家に考察いただいて、絵を描いていただきました。手がかりは、たとえば林原美術館の『名品選』という図録にある、池田時代の御殿にあったといわれている襖があります。オークションの目録に「池田時代の姫路城の御殿にあった襖」だと書いてあったということで、絶対に姫路城のものだという裏付はない史料ということになります。しかしこれは今回の復元には使っていません。今回の御殿の復元にあたっては「播州姫路城図」を参考に江戸時代中期以降を想定していますので、池田時代では少し早すぎるからです。

しかしそういいながらも、江戸時代中期以降の姫路藩の絵師について詳細はわかりませんから、御殿の内観復元に関しては、ほかの城や寺の襖絵とか障壁画など類例がたくさん残っている江戸時代初期を想定して、復元をしていただきました。ですから、建物は江戸時代中期以降を想定し、内観は江戸時代初期の想定と、数十年以上の差が開いてしまいました。御殿の復元成果に関してはこういう事情を考慮して、見ていただくことになります。

御殿の間取りを書いた史料としては、ほかに「姫陽秘鑑」という酒井時代の史料があります。しかし部屋の間取りがわかっても、この部屋の中の設いや調度品などはなかなかわかりません。この企画では虎ノ間や鶴ノ間（カラー口絵参照）、小書院（図5）などが復元できましたが、襖絵がわからなかった部屋もあり、調度品については描くことができませんでした。それは前述したように、文献史料を読み込んでいってその中から拾い上げていくしか手立てはなく、現状ではそこまで調査が進んでいないこと

図5　ＣＧで復元された小書院

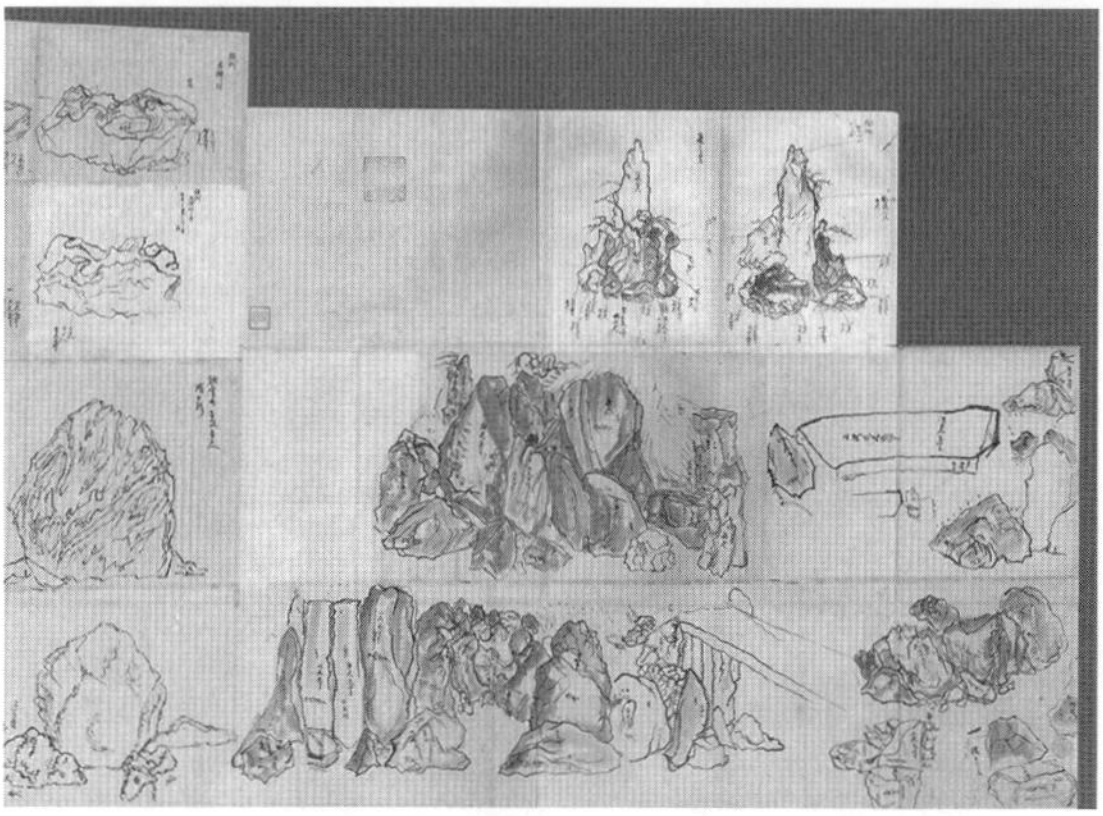

図6　隅田川御屋鋪全図に描かれた酒井家下屋敷庭園の石組（国立国会図書館蔵）

が原因です。

その一方で、この企画の過程で新たにわかったこともあります。それは前述した庭に関することです。江戸隅田川にあった酒井家下屋敷の庭園を記録した絵図の存在が確認できたのです（「隅田川御屋鋪全図」国立国会図書館蔵）。江戸と国元の屋敷が一緒だったはずはありませんが、確固たる史料がない現段階では向屋敷庭園の参考になりうるものと考えられます（図6）。

◇──むすびにかえて

姫路城は現存する建物は数多く残っていることで知られていますが、近世城郭に不可欠な御殿は皆無です。言い換えると、姫路城では、城郭のもっとも大事なところは見ることができないのです。

「姫路城公式ガイドツール」事業では、その消えた大事な部分についてデジタル技術を使って視覚化することができました。姫路城の新たなイメージが結ばれることを期待すると同時に、これを機に、今後の姫路城研究において新たな局面を拓くきっかけになるものと信じています。

そして、この復元成果も修正を重ねていき少しでも史実に近づけられるよう、調査・研究を進めていきます。

城下の発掘最新情報

町屋地域の調査を中心に

森　恒裕

◇――はじめに

本日は考古学的な視点からみた姫路城下町についてお話しします。

平成二年に姫路市に入職した私は、配属された城郭研究室で姫路城跡の発掘調査を担当することになりました。学生時代に考古学を学んでいたものの、中世や近世について勉強したことはありませんでした。姫路出身でありながら、姫路城のこともほとんど知りません。たいへん困りました。仕事を始めて間もなく、当時整備中であった姫路城中堀の工事現場に立ち会うことを命じられ、出てくる陶磁器や瓦が江戸時代のものか現代のものかを判別できずに、作業員さんに「とにかく全部拾ってください」とお願いしたことを覚えています。

その後、上司や先輩・同僚に助けられながら、姫路城跡の発掘調査や石垣修理に関わってきました。この講演会場であるイーグレひめじも、平成八年から三年間にわたって同僚とともに発掘した、思い出深い場所です。

近年は私の後輩たちが中心になって姫路城跡の発掘調査に取り組み、多くの重要な成果を挙げています。本日のテーマは「城下の発掘　最新情報」ですので、彼らの業績をもとに、とくに最近調査が急速に進んでいる町屋地域の調査成果に焦点を当ててお話ししたいと思います。

◇——姫路城跡を発掘する

本題に入る前に、姫路城跡を発掘調査し、考古学的に研究することがどういった意味を持つのかに触れておきます。

近年では中世や近世、さらには近現代の遺跡が発掘され、その成果がテレビや新聞で報道されることも珍しくなくなりました。いっぽう、「姫路城には絵図や古文書がたくさん残っているのだから、発掘調査する必要はないのではないか」と思われる方があるかもしれません。

確かに文字資料がない、あるいは乏しい古墳時代以前の遺跡と比べれば、江戸時代という「新しい時代」に属する姫路城には古文書や古建築などが数多く残っており、研究の材料には事欠かないでしょう。考古学というと、まず縄文土器や古墳など「古い時代」のものを連想するのも事実です。では、姫路城の研究に考古学は必要ないのでしょうか。

江戸時代後期の姫路城下町を描いた『姫路侍屋敷図』という絵図があります。これは正確に測量して作成された絵図と考えられ、現在の地形図と重ね合わせて、江戸時代の土地利用のようすを推測することができる貴重な史料です。私たちも発掘調査を行うにあたって、そこがどんな場所だったのか、誰の屋敷地だったのかなどを知るために活用していますが、多くの地点で絵図の描写どおりに街路や屋敷境が見つかり、この絵図の精度の高さを確かめてきました。ところが、城下町の外周部にあたる外曲輪の調査が進むと、絵図のとおりに遺構が見つからない例が出てきました。例えば城下町の内と外を区画する外堀は、ＪＲ姫路駅周辺では早い時期に埋め立てられて市街地化したため、絵図の描写からその位置を想定するしかありませんでした。近年、姫路駅周辺の再開発に伴う発掘調査によって複数の地点で外堀の遺構が見つかっていますが、絵図から割り出した位置と実際に遺構が見つかった位置との間には、場所によっては数メートルのズレがあったのです。この事実は発掘調査をしなければわからなかったことです。

絵図や古文書などの文献資料が必ずしも事実を正確に表しているとは限りません。また、武士や町人の日常生活のようすなど、記録に残されにくい情報もあります。文献資料が豊富な時代にあっても、遺構や遺物といったモノから歴史を考えていく考古学を取り入れることで、こうした問題を解決できる可能性があります。反対に、考古学だけで過去を解明することも不可能です。建物を例にとれば、ふつう発掘調査で遺構として出土するのは、礎石などの基礎部分だけです。これを手がかりに失われた建物の姿を復元するには、どうしても建築学や文献史学の研究成果が必要なのです。

姫路城には、天守群をはじめとする建造物、古文書、絵図、絵画など多彩な研究材料が揃っています。地下に眠っている考古資料という素材を加えることによって、姫路城やその城下町の姿をよりリアルに描き出せるのではないかと考えています。

◇——「伽屋町」について

昭和五十年代から本格化した姫路城及び城下町の発掘調査は、すでに四十年以上の歴史を積み重ね、調査件数も四〇〇件を超えています。姫路城は三重の堀によって内曲輪・中曲輪・外曲輪のエリアに区分されていますが、平成一〇年代ごろまでは中堀の内側、武家屋敷地であった中曲輪が調査の中心でした。しかし最近は中堀と外堀に挟まれた外曲輪が主な調査対象となっており、町屋地域のようすが明らかになりつつあります。

調査地点や面積もまちまちであり、現時点での成果を総括することは私の手に余りますので、ひとつの調査をモデルケースとして説明を進めます。ここでは平成二十八年の発掘で多くの成果が得られた「伽屋町《とぎやまち》」の調査を町屋地域の代表事例とし、その成果の中からいくつかのテーマを選び出しました。

伽屋町は姫路城外曲輪の南東部にあります。町の名は刃物などを研磨する「研屋」が転化したものといわれており、紺屋町や呉服町と同じく、住人の職業に由来するものでしょう。ただ

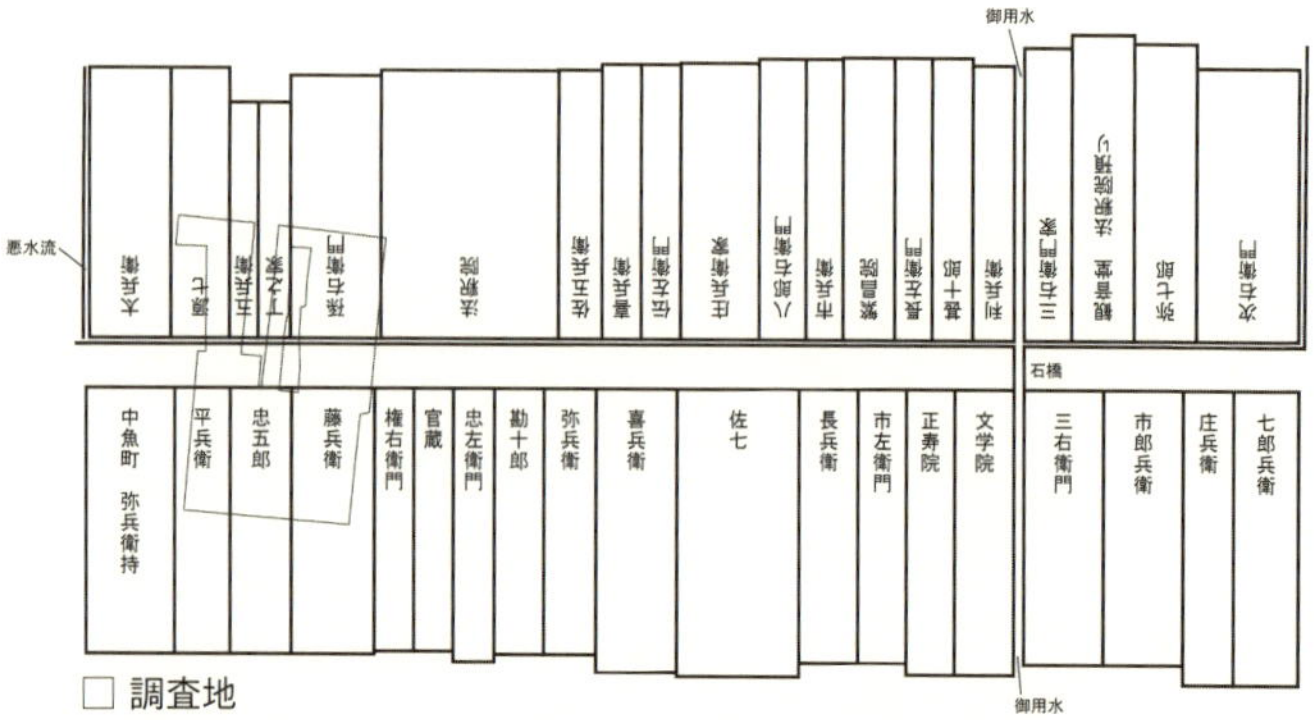

図１　「伽屋町」の復元図（発掘調査報告書掲載図を一部改変）

し、「伽屋町」という町名は現存しません。戦後の区画整理でこの由緒ある町名は失われ、現在は姫路市北条口二丁目に含まれています。

まず、江戸時代の史料から調査地の状況を探りましょう。幸いにも、寛延四年～宝暦三年（一七五一～五三）ごろの作成とされる『姫路伽屋町絵図』が残されており、当時の町割りや居住者を知ることができます。この絵図には各屋敷地の間口と奥行の寸法も記されています。

図１は絵図に従って町のようすを復元し、周辺部の調査成果などから割り出した調査地の位置を重ねたものです。当時の伽屋町は街路の南北に家屋や寺が建ちならぶ、東西に細長い町であったことがわかります。街路や屋敷地の間を走る水路に「御用水」、「悪水流」と記され、その用途が区分されていることは注目してよいでしょう。調査地は町の西部にあたり、中央の街路を挟んで、南北それぞれ複数の屋敷地を含んでいます。

◇――城下町の街路

伽屋町では、『姫路伽屋町絵図』の描写どおり、調査地の中央付近を東西に走る街路が見つかりました（写真1）。両側の側溝を含めた街路全体の幅は約四・九メートルです。姫路城の外曲輪では江戸時代の城下町街路が明治時代以後も引き継がれ、現在も舗装道路として使われている個所が多いため、街路全体を調査できた例は非常に少ないのです。

写真1　街路（「伽屋町」）

出土遺物や土層断面の観察によって、調査地では三時期の街路面が重なっていることがわかりました。上から順に、戦後の区画整理時まで使われていた第一面、十七世紀後半から十八世紀前半の第二面、十七世紀前半の第三面です。さらに第三面の下からは、十七世紀初頭の遺構が見つかっています。池田輝政が姫路城築城に着手したのは慶長六年（一六〇一）、大天守の完成が八年後の慶長十四年で、城下町の整備もこれと平行して進められたものと考えられています。しかし、十七世紀初頭に街路がまだできていなかったとすれば、少なくとも伽屋町周辺では町割りの完成時期がもう少し遅れる可能性がでてきました。

街路は小石や砂を敷き固めた砂利道ですが、調査担当者は路面のサンプルを採集し、各面の構成材を細かく分析しました。その結果、時代が新しくなるほど、路面の舗装に使われている砂が減少し、大粒な礫が増加することが明らかになりました。また、街路は単に砂利を敷き固めたものではなく、二層構造を持っていることもわかりました。固い砂利敷きの路面の下に、砂を主体としたやや柔らかい層を設けているのです。

街路の南北両側には、幅三〇センチほどの石組み側溝が設けられています。石材は主に丸い河原石で、一部には割石も使われていました。南北の側溝に規模や構造の差は認められません。ところが、『姫路伽屋町絵図』には北側の側溝ははっきり描かれていますが、南側は描かれていないのです。「御用水」、「悪水流」など、水路に流れる水の区別までしているにもかかわらず、です。当時、南側の側溝は存在しなかったのでしょうか。しかし、発掘調査の成果では、絵図が作成された十八世紀中頃に南北の側溝を備えた街路が存在したことは確実視されるのです。こうした食い違いが生じた原因のひとつとして、絵図の作成にあたって必要がないと判断した描写を省略している可能性が考えられます。いずれにしても、出土した遺構と文献資料との関係を示す興味深い例といえるでしょう。

他の地点で出土した街路遺構にも触れておきましょう。写真2は内堀と中堀に挟まれた中曲輪の武家屋敷地で見つかった街路です。調査地点は現在の姫路医療センター内、江戸時代には中級武士の居住地であり、「上岐阜町《かみぎふまち》」と呼ばれました。街路幅は七・一メートル、やはり両側に石組みの側溝が付きますが、石材の使い方に特徴があります。武家屋敷に面する外側の面は五〇センチほどの割石を主に使っているのに対し、内側の面は河原石主体なのです。さらに、家老級の武家屋敷が建ちならんでいた大手門前の「桜町」や「大名町」では、石組み溝は両側面とも割石が主体となり、大きなものでは七〇センチ以上もある立派な石材が使われていました。

以上のとおり、姫路城下町の街路は幅や構造を場所によって変えていることが明らかです。街路幅な

写真２　武家屋敷地の街路（「上岐阜町」）

どは城下町全体の設計段階で決定されたものでしょう。構造については、両側に側溝が付くもののほか、片側溝、さらには側溝のない例も知られており、地形や排水状況に応じて使い分けているものと考えられます。

◇――町屋の屋敷割りと建物

写真３　屋敷境の遺構（「伽屋町」）

伽屋町の調査では、屋敷境と考えられる礎石列を六か所で確認しました（写真3）。図1で復元した『姫路伽屋町絵図』にこれらの位置を重ねると、北側四軒・南側三軒の屋敷地の境とほぼ一致することがわかりました。

こうした復元作業を行ううえで問題となるのは、尺貫法による寸法をどのようにメートル法に換算するかです。江戸時代のなかでも複数の尺度が用いられています。私は埋門や清水門など城門石垣の修理に伴う発掘調査を担当したことがありますが、城門の櫓などは一間＝六尺（約一・八メートル）で建設されていました。いっぽう、伽屋町の屋敷割りは一間＝六尺五寸（約一・九五メートル）で換算した場合、遺構と絵図が合致するのです。建築学との協働が必要な問題ですが、町屋地域の調査の進展によって、建物の規模や構造についても城郭や武家屋敷との比較検討が可能になりつつあると思います。

さらに付け加えますと、石組みや礎石など、明確な屋敷割りの遺構が見つかるようになったのは比較的近年、外曲輪の調査が本格的に始まってからなのです。中曲輪の武家屋敷地の調査では、はっきりした形で確認された例はほとんどありません。このような中曲輪と外曲輪の遺構の違いにはいくつかの要因が考えられますが、居住者の性格が反映されている可能性もありそうです。中曲輪に暮らす武士は城主が替われば他の地に移らねばなりません。城下町絵図をみると、武家屋敷地の屋敷割りは時期によってかなり変更されていることがわかります。武家屋敷はいわば仮住まい、境界の変更を見越してあまりしっかりした屋敷境を造らなかったとは考えられないでしょうか。

さて、伽屋町の屋敷境はほぼ同じ位置で何度か造り替えられており、残りのよい場所では礎石の高さから四段階（Ⅰ期〜Ⅳ期）の変遷を追うことができました。屋敷地内の建物礎石も同じく四時期のものが認められました。各時期の具体的な年代を決定することは難しいのですが、大きな流れとしては、主に小ぶりの河原石を用いていた礎石が大型化し、最終段階のⅣ期には割石を使用するようになります。とくに図1の「忠五郎」宅と「藤兵衛」宅の建物の礎石は大型化が目立つことから、調査担当者は建物が平屋建てから二階建てに改修された可能性を指摘しています。

さらに興味深いことに、Ⅲ期に分類される屋敷境の礎石のなかには、側溝を超えて街路側に据えられているものがあるのです。城下町の街路は当然「公道」であったと思われます。公共の道路に私有物がはみ出している――いわば「不法占用」の状態でしょうか。さらには、街路面を掘り込んだゴミ穴さえ見つかっています。こうした事実を目の当たりにすると、町屋地域では道路の私的な使用もある程度大目に見られていたのではないかと思ってしまいます。

◇――町人の営み

伽屋町では、街路の側溝から約五〇～八〇センチほど屋敷地に入った地点で土製の容器を上向きに据えつけた遺構が五か所見つかっています（写真4・5）。容器の種類は陶器の蓋付き土瓶、備前焼の甕、二個を合わせ口にした土師器の皿とさまざまです。写真4の遺構では、土瓶とともに青い御神酒徳利二本を立てた状態で据えていました。前述したⅣ期の建物礎石に伴う遺構で、土瓶や徳利は幕末に近い十九世紀に製作されたものです。
　他遺跡の調査成果などを参考にすると、これらの遺構は胎盤を納めて土中に埋めた「胞衣《えな》埋納遺構」の可能性が高いと考えられます。例えば江戸遺跡（東京都）でも、建物の軒下付近に設置されていること、合わせ口の「かわらけ」（土師器の皿）を使っていること、徳利が伴っていることなど、類似する特徴をもった遺構が確認されています。

写真４　胞衣埋納遺構１（「伽屋町」）

写真５　胞衣埋納遺構２（「伽屋町」）

　ただ、これらの遺構を「胞衣埋納遺構」と推測する根拠は、あくまで文献資料や民俗事例など周辺分野の成果、いわば状況証拠による場合が多く、江戸遺跡などでも胞衣

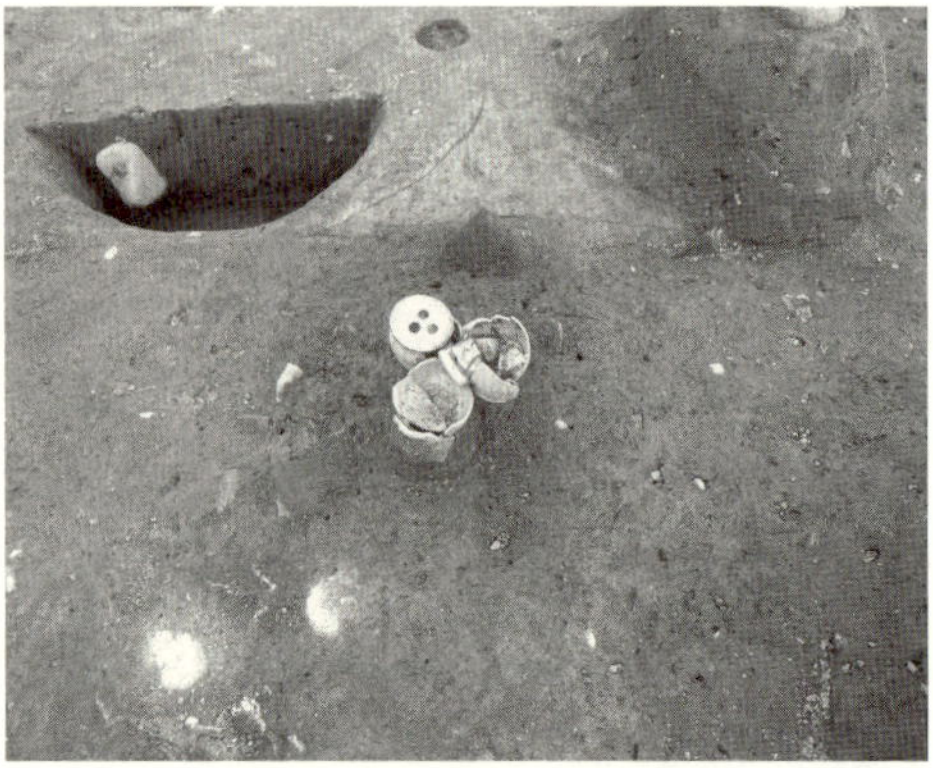

写真６　地鎮遺構（古二階町）

そのものが確認された例はほとんどありません。性格がわからない遺構や遺物を目にした時、私たちはこうした状況証拠のみから結論を求めがちですが、警察の捜査と同じく、直接の証拠を求めるのが本筋であることを再認識しておく必要があるでしょう。

伽屋町の遺構のうち、土師器皿を合わせ口にして埋納したものは、他の「胞衣埋納遺構」より古い時期とみられ、また皿の内面には星形や「火」「水」など陰陽道と関わる文字が墨書されていました。むしろ地鎮に関連する遺構かもしれません。古二階町では小壺が三個、三角形に並んだ状態で出土しており、地鎮遺構と考えられています（写真6）。

土地に関わる調査成果としては、寛永通宝などの銭貨や碁石状の石の出土状況も注目されます。「碁石状の石」とは何とも回りくどい言い方ですが、色や材質は黒の碁石と同じであるものの、形や寸法がまちまちで碁石そのものとは考えにくいのです。いずれも三〇個以上が見つかっていますが、これらの出土地点を細かく観察すると、街路の側溝際と屋敷境に集中する傾向が認められました。偶然落としたり散らばったりしたものとみるよりは、意識的にこうした境界部に置いたと考えるほうが自然です。ここで再び江戸遺跡に類例を求めると、整地された土層の間に寛永通宝などが散在していた例があり、土地を造成する時に銭貨を撒く「撒銭」という地鎮儀式の存在が指摘されています。具体的な内容は不明であるものの、姫路城下町でも銭貨などを用いて土地に関わる何らかの営みが行われていた可能性があります。

このような調査成果は、中曲輪の武家屋敷地ではこれまで報告されていません。ただ、銭貨のような小さな遺物は調査時に見落とされていた可能性があるため、最新の成果を踏まえて過去の調査を見直す必要もありそうです。

写真７　鍛冶に関連する遺物（福中町）

町人の生活についての話を終えるにあたって、生業に関わる調査成果をひとつだけ挙げておきましょう。

写真7は、姫路城外曲輪の南西部に位置する福中町で見つかった鍛冶に関連す

る遺物です。調査地は西国街道の南に位置する町屋地域で、江戸時代には多くの旅籠が設けられていたようです。

調査地周辺での鍛冶活動をうかがわせる文献資料は見当たらないのですが、発掘調査では鞴《ふいご》の羽口や砥石、鍛冶活動に伴って発生する鉄滓《てっさい》が不用物の処理などに用いた土坑《どこう》からまとまって出土しました。ある土坑などはほとんど鉄滓だけで埋められた状態でした。また、灰が捨てられた土坑もあり、当地で鍛冶活動が行われたことは確実です。一緒に出土した陶磁器の年代観などから、鍛冶活動は十七世紀を通じて行われていたようです。

姫路城の北東部には「鍛冶町」が存在しますが、本町や呉服町の調査でも福中町と同様の遺構が見つかっており、実際の鍛冶活動は城下の各所で行われていたことが発掘調査によって明らかにされたのです。

◇——姫路城築城前夜

これまで江戸時代の姫路城下町、とくに町屋地域の発掘調査成果について述べてきましたが、もうひとつ、調査の進展に伴って次第に明らかになりつつあるものがあります。それは、江戸時代以前の姫路のようすです。

中世の姫路に宿村、国府寺《こおでら》村、福中村などが存在したことは文献資料によって知られていました。当時の状況を具体的に物語る考古学的資料は永らく未発見でしたが、城下町の発掘調査が進むなかで、中世後期にあたる十五世紀後半から十六世紀初頭にかけての遺構や遺物が見つかりはじめたのです。

播磨国総社に近い元塩町や平野町では、幅三〜五メートルもの大規模な溝が発見されました。

写真８　鉦鼓の出土状況（福中町）

屋敷地の周囲を取り囲んでいた区画溝ではないかと考えられます。元塩町では掘立柱建物の遺構も見つかっています。これらの溝や建物の軸線方向が江戸時代の町割りとほぼ一致していることも注目されます。池田輝政が姫路城下町の縄張りを行うにあたって、中世の地割りを踏襲したことがうかがえるのです。

また、福中町でも同じころの井戸などが見つかり、十五世紀後半の柱穴のひとつからは青銅製の仏具、鉦鼓《しょうこ》が完全な形で出土しました（写真８）。福中町はその名が示すとおり、中世の福中村との関連が予想されることから、中世段階の遺構・遺物の存在が確認されたことは大きな意味をもつものといえるでしょう。

現段階での発掘調査成果からは、十五世紀以後の姫路は大規模な町場が広がっていたのではなく、溝などで区画された屋敷地が点在する景観であったことがうかがえます。さらに、元塩町では中世の屋敷跡の上に耕作土が堆積しており、付近が田畑に姿を変えていたことも明らかになりました。隣接する古二階町では田畑に水を引く水路も見つかっています（写真9）。こうした耕作土は中曲輪・外曲輪の各所で確認されており、江戸時代の武家屋敷地や町屋が成立する直前まで城下のかなり広い範囲に田畑が営まれていたことがうかがえます。元塩町や古二階町は、その町名が江戸時代以前に存在した町場に由来するのではないかといわれていますが、このような発掘調査成果をどのように解釈すればよいのでしょうか。姫路城下町の成り立ちについて、新たな課題が生まれたようです。

先ほども少し触れましたが、江戸時代以前の溝や建物の方位も注目すべきポイントです。

写真9　城下町以前の水路（古二階町）

『姫路市史』に述べられたとおり、近世の姫路城下町はいくつかの基準線に基づいて建設されたと考えられています。これらは「築城ライン」、「条里ライン」、「総社ライン」などと呼ばれ、条里ラインや総社ラインは中世以前の地割りを城下町に取り入れたもの、築城ラインは池田輝政が城下町建設にあたって新たに設定した基準線とみなされてきました。ところが、福中町や白銀町など、築城ラインに基づくとされる地域の発掘調査で見つかった中世の遺構は、築城ラインとほぼ同じ方位をとっているのです。先に述べた三種類の基準線は、すべて城下町建設以前から存在した可能性が高まりました。池田輝政は旧来の地割りを最大限に活用して姫路城下町を造りあげたのでしょう。

◇――おわりに

外曲輪の町屋地域を中心に、近年明らかになった姫路城下町の発掘調査成果をお話ししてきました。

国の特別史跡に指定されている内曲輪・中曲輪と比べて、早くから姫路の中心市街地として発展してきた外曲輪の調査は遅れてきました。発掘調査の体制が整ったのはここ十年ほどのことです。しかし、短期間に調査は急速に進展し、そこから得られる情報も格段に増加したと感じています。調査担当者の目的意識や調査技術の向上とともに、全国的にも中近世考古学が定着し、情報が蓄積された結果でしょう。

姫路城外曲輪で行われる発掘調査の大半は、開発工事に伴う緊急発掘調査です。調査によって貴重な成果が得られる一方で、多くの場合見つかった遺構は姿を消す運命にあります。詳細な調査によって遺跡から最大限の情報を引き出すとともに、現地説明会や企画展などを通じてその成果を市民の皆さんに広くお伝えすることが私たちの務めだと痛感しています。

＊本稿は伽屋町の調査報告書である『姫路城城下町跡—姫路城跡第三五四次発掘調査報告書—』（姫路市教育委員会　二〇一七）をはじめ、姫路市教育委員会発行の発掘調査報告書をもとに、調査成果をとりまとめたものです。

姫路城
保存修理の系譜

小林 正治

現在私は姫路市の都市局営繕課にいますが、元々は建築職で、平成九年（一九九七）から姫路城の保存修理に携わるようになり、現在二十一年目を迎えます。本日は「保存修理の系譜」ということで、姫路城が築城されてから以降の修理の履歴を中心にお話ししたいと思います。

◇――姫路城の沿革

〔明治以前〕
一三三三年　赤松則村（円心）が姫山に城の縄張？
一三四六年　赤松貞則が城を築く？
一五五五年　黒田重隆・職隆親子が城（砦）を築く
一五八〇年　羽柴秀吉が三層の天守築城
一六〇一年　池田輝政が現在の五層の天守を築城
一六一八年　本多忠政が西の丸を造営　現在の姫路城の全容が整う
〔明治以降〕
一八七二年　陸軍省の管轄
一八七四年　練兵場等にするために三の丸の御殿などの取り壊し

一九一二年　一部姫路市に貸し下げ、一般公開始まる
一九二八年　史跡指定
一九三一年　現存する八二棟が国宝指定（国宝保存法）
一九五〇年　国宝八棟、重文七四棟（文化財保護法）　管理団体：姫路市（国所有）

明治に入り、残念ながら三の丸の御殿などが取り壊されたあとも、一部、現在の備前丸の辺りに池田輝政の居館等になる御殿が残っていましたが、明治十五年（一八八二）に火災で燃えてしまい、現在は残っていません。ただし火災のあとそのまま上に盛り土をしているので、その盛り土を五十センチから一メートルぐらい掘り返すと、焼けた部材や礎石が出てくる状態だと聞いています。

大正元年（一九一二）、国から一部姫路市に貸し下げをされて一般公開が始まりました。現在の有料区域と同じエリアですが、大天守の南に軍隊がいた関係で、搦手口から入りました。現在の美術館と動物園のあいだの道をくぐり抜けて、喜斎門跡から入って、との四門から登っていきます。ですから、県道砥堀・本町線から搦手口へ入っていくところに「姫路城」という大きい石碑が今も残っています。貸し下げを受けた折に、乾小天守の北側の石垣にある姥が石や、腹切丸、お菊井戸が観光名所としてつくられたという記録が残っています。

昭和三年（一九二八）に史跡指定、同六年に国宝指定、そのあと昭和二十五年、文化財保護法になって国宝が八棟と、七四棟が重要文化財に指定されました。私も現地を案内するときには、菱の門をこえて中に入ると「目に見える建物は全部、国宝か重要文化財ですよ」と言っています（一部、化粧櫓の北方土塀など違うものもあります）。

◇――江戸期の修理

慶長十四年（一六〇九）に大天守が築城されて以降、古文書等に残る修理記録をまとめた表があります。

築城から十七年の寛永三年（一六二六）、さっそく一番下の屋根の軒先が重さで耐え切れなくなり、方杖を追加しています。明暦二年（一六五六）には建ってから四十七年で心柱が根腐れしています。また土台も取り替えて、添柱・支柱などを加えています。その後も、支柱の追加や一部屋根の葺き直し、柱根継ぎと、たくさんの修理が記録されています。このように築城されてから二百年間ぐらいはずっと、なんらかのかたちで構造補強や建物の補強、修理をやっていた。そして一八〇〇年を境に、屋根修理の記述ばかりになってきます。江戸時代の屋根瓦は耐久性が低いので、築城から二百年経てば葺き直しなしでは持たなかっただろう、大部分は葺き替えられていただろうと推測されます。このように、江戸時代だけでも平均して七年から十年に一度ぐらいは、記録に残すような修理を行なっていることが古文書からうかがえます。

姫路城は非常に特異です。天守の形式でいえば、姫路城は後期望楼型になります。望楼型と

江戸期の修理記録

修理年	修理内容
1962（寛永３）	一重軒修理、方杖追補
1956（明暦２）	心柱根継、土台取替、添柱、支柱追補
1672（寛文12）	（詳細記述なし）
1678（延宝６）	（詳細記述なし）
1684（貞享元）	支柱追補29本
1687（貞享４）	支柱追補17本、屋根葺替
1692（元禄５）	支柱追補
1699（元禄12）	５階柱根継
1702（元禄15）	４重屋根・野地葺替
1709（宝永６）	屋根修理、支柱追補5本
1729（享保14）	水改め
1741（寛保元）	屋根修理
1743（寛保３）	筋違、支柱追補11本
1745（延享２）	屋根修理
1750（寛延３）	支柱追補９本
1752（宝暦２）	陸水改め
1768（明和５）	抱柱追補３本
1770（明和７）	支柱追補
1772（明和９）	支柱追補３本
1773（安永２）	支柱追補３本
1776（安永５）	落雷破損修理
1802（享和２）	支柱追補１本
1808（文化５）	屋根修理
1823（文政６）	〃
1827（文政10）	〃
1834（天保５）	〃
1850（嘉永３）	（詳細記述なし）
1853（嘉永６）	屋根修理
1858（安政５）	〃
1860（万延元）	〃
1861（文久元）	〃

いうのは、下に大きな主屋《おもや》があって、その上にいわゆる望楼（物見塔）をのせるので望楼型と呼びます。初期望楼型の犬山城（慶長六年［一六〇一］）から十年も経ちませんが、姫路城になると、望楼の部分が相当大きくなっています（図1）。高層建築の技術の発達に加えて、お城が籠城のためだけのものではなくなり、権威を示すためにますます大きくなっていく過程のなかで、姫路城の望楼部が相当大きくなったと考えられます。

構造的にも、現存で日本に残る十四城の天守（重要文化財・国宝）のなかで、姫路城だけに見られる非常に特異な構造をしています。まず東の大柱・西の大柱という長さ二四・六メートル余りの長くて太い心柱を建物の真ん中に立てます。それを地階と一階と二階で、柱と梁でジャングルジムのようにきちっとした構造の組み方をして、二本の大柱の足元の揺れを止めてしっかり足元を支える。その上に三階をのせ、四階をのせ、五階・六階を

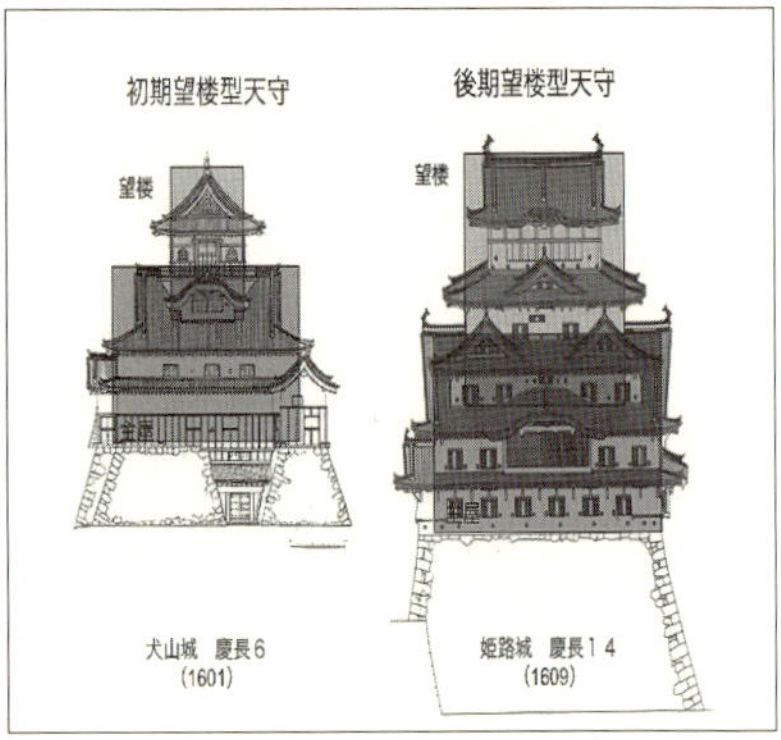

図1

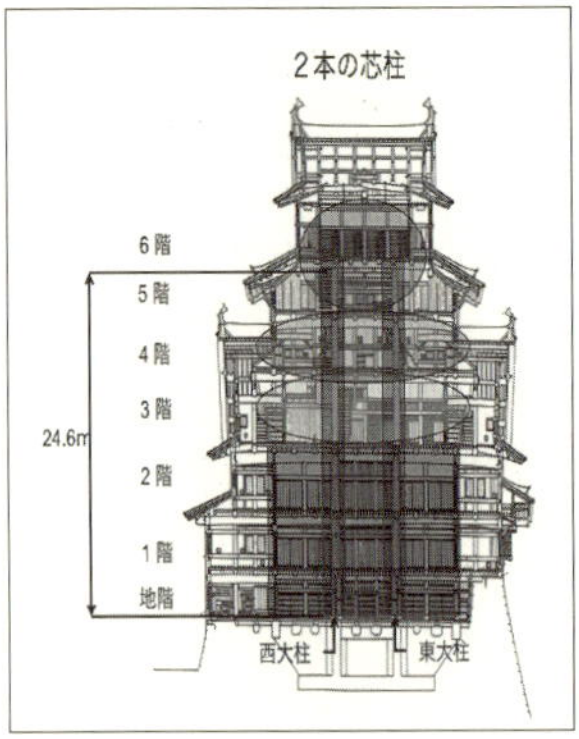

図2

のせる。心柱が三階・四階の背骨のようなかたちになって、三階・四階・五階をのせて串刺しにしています（図2）。

【寛永三年（一六二六）の修理…一重軒修理　方杖追補】内に腕木が出ていて、その先に出《で》桁《げた》を受け、その上に垂木をのせて、より軒を深くするという構造になるので、荷重が非常に大きくなる。そこで一重の軒の修理が行なわれて、方杖が追加されました。

【明暦二年（一六五六）…心柱根継ぎ】昭和の解体修理のときに、東の大柱だけになったところの写真を見ると、寄せ木のように組み合わされて、根継ぎがされたことがわかります（写真1）。心柱の根っこ、礎石に付く部分は、取り換えにあたっては相当にぼろぼろだったことが推測されます。

【添柱追補】添柱というのは、元々の柱に添えるように構造補強をした柱です。なぜ添柱をしたのでしょうか。大天守の地盤は元々秀吉の三層の天守の地盤から、版築という工法で一・六メートルぐらい盛り土をしているので、各所でかなり不同沈下が起こって

写真1　心柱根継ぎ

いたと推測されます。不同沈下が起こると、建物が傾きます。建物が傾くと、柱にささっている梁が抜け落ちることが考えられるので、添柱を入れてそれを防止したのではないか。

［支柱追補］ 支柱というのは、柱に沿わせないで、梁の真ん中などに立てるつっかえ柱です。四階の千鳥破風の部分は、今も残っているオリジナルの梁に支柱を入れています（写真2）。あるいは南北に渡している大きな梁の下にさらにもう一つ梁を入れて支柱で支える。さらにこの入れた梁を受けるための支柱をまた入れていることが写真から見られます。五階の南面には、現在も支柱が当たっていた痕跡が残っています。上からかなり圧力がかかっていたと思われ、五ミリぐらいめり込んでいるのがわかります。

写真2　支柱追補（4階）

［屋根瓦の補修］ 昭和の修理のときに、池田輝政の揚羽紋や、源氏車、剣酢漿草、立葵といった紋の入った瓦が出てきました。江戸時代の修理が全体的に葺き直すというものではなくて、悪くなった部分を部分的に葺き直す修理だったことがわかります。鬼瓦についても、剣酢漿草や源氏車といった瓦が残っていて、ほぼすべての城主のもとで屋根の修理が行なわれたことが推測されます。

このように江戸期は修理が絶え間なく行なわれ、とりあえず大天守が倒壊することなく持ちこたえてきました。

◇――明治期の修理

明治に入ってからの構造補強的なこととしては、明治四十三年（一九一〇）に一重軒が崩落、筋交を入れました。江戸時代の最後の修理記録である文久元年（一八六一）の屋根修理からこの明治四十三年まで約五十年、修理の空白期間があったと推測され、その間にかなり荒廃が進んでいたようです。

明治期に行なわれた修理は、以下のとおりです。

- 添柱、支柱の挿入…横架材（梁）の抜け落ち防止　横架材の補強
- 筋交追加…構造補強（傾斜の進行を止める）
- 外観保持…雨水から軸部を保護

筋交の追加というのは、建物が相当傾斜していたことがわ

写真３　筋交、支柱追補

かっているので、その傾斜を止めるための構造補強です。明治期の写真を見ると、至るところに筋交、支柱が入っていて、一間半（約三メートル）ぐらいある廊下幅が、半分ぐらいになっています（写真3）。今も筋交を止めますが、筋交を止めたボルト穴が残っているところもあります。西大柱の脇のところに埋め木がありますが、筋交を止めるためにボルトで縫い付けていて、その穴を隠すために埋め木が施されたものです。三階には、曲線を描きながらきれいに埋めている非常に凝った埋め木をしているところがあります。昭和の修理のときに埋め木されたもので、今でも隙間一つあいておらず、腕の確かな大工さんだったとわかります。

◇――昭和期の修理

昭和期の修理は、「昭和の大修理」といわれるものです。大天守以外の建物については昭和九年（一九三四）から着手され、大天守については同三十年、全解体修理が行なわれました。

【破損状況】 解体修理の工事の着手前の写真を見ると、今とは方杖の大きさが全く違います。かなり傷んでいて、相当に傾いていたと報告書に書かれています。壁を見ると、土が崩落していておそらく中の柱などが露出している状態だと思います。屋根の付け根や面もかなり波打っていて、軒先の漆喰や土が落ち、水平に入っているはずの腕木が端先のほうで下がっていました。

屋根が相当重いものですから、前にせり出すようになって崩落寸前の状態ではなかったかと思われます。天守の南側の見上げ、出窓があって唐破風のあるところは、破風の軒裏の土が落ち、千鳥のところは破風が落ちていたり、屋根の線もきれいに反っていないといけないのに乱れてしまっていて、瓦のない部分も見えます（写真4、写真5）。

写真4　破損状況1

写真5　破損状況2

［内部状況］三階部分の北側の廊下、今は武具掛けがたくさんぶら下がっているところですが、支柱が立っていて、上の方は元々の梁の下にもう一本梁を入れて二重で支えています。上の梁はかなり湾曲しているので、すでに折れている状態のようにも見えます。四階の北面にはいっぱい支柱が入っていて、とにかく傷みが激しいのが分かります（写真6）。

［解体］真っ黒に塗られた大きな覆いや足場を掛けて、一番上の層から解体していきます。

最上層の、湾曲している唐破風の部分の瓦を取り除いて、葺き土が現れたところです(写真7)。今は基礎にボルトで土台を縫い付けて、風で飛びにくいようにしているのですが、昔は束石《つかいし》の上に柱を載せているだけという状態でしたから、風に飛ばされないためにも大量の土を載せていました。厚さは薄いところで九センチ、分厚いところで十五センチという記録が残っています。平均して十二センチの土ということになりますが、土の比重は一・八ぐらいですから姫路城には一平方メートル当たり、土だけで二百キロぐらいの重量がかかっていたことになります。その上に瓦を載せます。瓦は一平方メートル当たり二百五十キロぐらいありますので、一平方メートル当たり四百五十キロぐらいの荷重がかかっていたわけで、すごいことですね。

写真6　内部状況

写真7　解体(瓦の下の葺き土)

調査をしながら順次解体していきます。屋根瓦を取ったあとは、壁を少しずつはがしていきます。外側の土壁だけをほぼ取ったところです（写真8）。木舞《こまい》、いわゆる土壁の芯になる部分に木材を打ち付けて、それに無数の藁縄を結びつけています。ここに荒壁土という土を塗っていき、土を一回塗るたびに三十センチほどのピッチで藁縄を一本使い、余ったものは外に出しておきます。一度に土を六センチずつぐらい塗りますが、天守の壁厚は一番分厚いところで四十五センチぐらい、外側だけでも三十〜三十五センチぐらいありますので、四、五回に分けて塗り重ねていきます。その都度都度に大量の藁を各層にねじ伏せて強度を確保しながら塗り重ねていくわけです。

いよいよ屋根の野地板《のじいた》を外して、垂木だけになったところです（写真9）。六階の唐破風の部分、南東の隅木で化粧番付というものが見受けられます。番付というのは、部材の建物のなかでの位置を示す番号・記号です。姫路城で有名なのは、天守五階の南と

写真８　解体（土壁の除去）

写真９　解体（屋根の垂木）

北側の千鳥破風の、三角の一番上の部分である棟木の番付です。そこに「六重目南（北）側千鳥棟」という、鑿（ノミ）できれいに彫り取った番付が打ってあります。ほかには、一階の南の東の隅の柱にも化粧番付を容易に見ることができます。ほかにも「いの一番」「いの二番」「いの三番」といった番付、絵合わせの、葉っぱと葉っぱ、丸と丸といった番付があります。化粧番付は慶長期（一六〇〇年前後）の一つの流行りでもありますから、これが見られたら、ほぼこの時期だとわかります。

写真 10　解体（6階部分の軸組み）

写真 11　解体（床板）

六階部分の小屋組みを取ったところです。すでに天井も土壁も取り払っていて、軸組みだけになって、心柱が見えます（写真10）。

順次上から部材を解体していくと、　階の床板が見えてきます（写真11）。今は非常に長い板を使っていますが、昭和の修理までは長さ一間ぐらいの床板が張られていたことがわかります。樹種は、いま大天守で見られる床板は台湾檜が使われていますが、江戸期のオリジナルのものは松や栂（ツガ）といった材が多く使われていたかと思います。千鳥破風の破風の間みたいなところに、少ないのですが、古い床板が張ってありますので、その周囲と見比べていただいたら、当時の床板の仕上げがわかっていただけると思います。

石垣が見えていますから、いよいよ地階を残すだけになりました（写真12）。石垣の上にのっている土台で、ここに柱を立てていくわけですが、隅のところを見ると、柱を立てるのに石はギリギリまで埋めずに若干土の面よりは上にあげておくものですが、めり込んでいます。この辺りはすぐ外で、雨もいくらか入ったと思いますので、そういった影響で腐ったり、重さでつぶれたりがとくに激しいところではありますが、衝撃的です。天守は六階建てで、柱もそれぞれに上へ上へと、一本ではなく、継ぎ足して載せていっているので、それを受ける部材が一、二センチずつ下がっても、六階五階まで上がったときには、それだけでも重さで十センチほど下がってしまうということがあります。こ

写真 12　解体（土台）

のことからも相当にいびつな傾きが、重さによる材料の圧縮で起こっていたと推測されます。

現在の入城口に向かって右手に、「天守の庭」というものがつくってあり、周囲に高さ一～一・二メートルの低い石垣が組んであって、中にこのオリジナルの束石が据えられています。機会がありましたら、どうぞご覧ください。

明治までさまざまな修理がされてきました。昭和の修理では、それまでの修理からみる弱点、解体したことでわかった大天守の弱点や、近代的な構造計算といった解析からわかった弱点を克服するための修理が行なわれました。

［明治までの修理内容と要因］

- 床の浮き沈み修正…地盤の不同沈下による
- 筋交追加…建物の傾斜を止めるため
- 心柱根継ぎ、土台の取り替え…床下の湿気による
- 方杖の追加…限度を超えた重い屋根による
- 支柱の追加…細い梁があったため
　　限度を超えた建物の重さがあったため

こういった弱点を克服するために昭和の修理ではさまざまな対策が取られました。

写真13　コンクリートの基礎

まず、基礎がコンクリートに改められました（写真13）。コンクリートの上の面がいわゆる礎石で、元々の束石があった部分です。この基礎はかなり深く掘り下げています。秀吉の天守があったところから、輝政は一・六メートルぐらい盛り土をしたと言いましたが、さらにその下、姫路城は姫山という山に建っていますが、その岩盤に到達するまで約四メートル掘り下げています。これをすることによって不同沈下はまず起こりません。大天守の荷重はほぼすべてこれで支えられるということです。

それから湿気をなくすために、砂利より大きい〝ぐり石〟の砕石を大量に投入しました。湿気を逃したり吸収したりして、調整するということです。現在も二、三年に一度、心柱の石垣側、南東隅の部屋の床板の一部が外れるようにしてあるので、そこをめくって湿気が来ていないかどうかを点検しています。今は非常にドライなよい状態で、根腐れ等は起こしていないので、昭和の修理では本当にいい方法で修理していただいたと思います。

柱を立てたときにずれないようにするためのダボを設けることもやっています。柱の根元が動いてしまうと建物全体の揺れが大きくなってしまうので、柱の根元を動かさないようにする工夫です。

「限度を超えた重い荷重」を解消するのが、大きな鉄板の枠です。この鉄板で荷重を分散させるということと、柱の下が動きにくくするという役割を持っています。また、万が一傾いたときに部材が抜け落ちたりゆるんだりすることがないように、羽子板状の金具を使って土台をボルトで止めています。

重い屋根への対処としては、外側の後補の方杖は取りました。取ってそのままでは屋根が崩落してしまうので、そうならないように腕木の先端に鉄板で箱をつくって受け、大きな鉄筋で引っ張っています（写真14）。これについては、中からそれとわかるところがあります。二階の南のほうの窓側から東の窓側を見ていただくと、腰長押という窓の下の長押がありますが、その下にほぼ隠れるようなかたちでボルトが見えています。それから屋根裏になって隠れてしまうところに鉄の部材を入れて、地震で揺れたときに大きく変形しないように、また、上からの柱の荷重をこれに受けるという役割を果たしています。

［組み立て］ このような補強をしながら、解体と逆の順番で組み上げていきます。

仕上がった状態を見ると、大きな支柱があったのが取られ、屋根を引っ張り上げているボルトが柱一間ごとに付けられています。また、梁が柱によってめり込むのを防止するため

写真14　屋根の補強

に、鉄板を新たに入れています。一階二階と柱が立っていて、上に帯鉄《おびてつ》という幅九センチ程度の薄い鉄板が巻いてあるのですが、おそらくその鉄板はオリジナルのものです。ほかにも厚さが七～八ミリという分厚い鉄板が散見されますが、この分厚い鉄板については、昭和の修理のときに入れられたものだということで、見比べていただいたらと思います。すっきりとしてオリジナルの形に戻りました（写真15、写真16）。

写真 15　組み立て（1 階内部）

写真 16　組み立て（4 階内部）

◇——平成期の修理

大天守は平成二十一年（二〇〇九）から二十六年度にかけて、工事をしました。昭和のときは解体修理工事でしたが、平成は屋根替え部分修理という小修理になります。修理の内容としてはお化粧直し、外側の漆喰の塗り直しや、屋根目地の漆喰の塗り直しが中心です。修理前の天守六階、南側の壁を見ると、漆喰の壁が落ちたりして、窓枠もボロボロでした。

［破損状況］ 最上層の東側の妻側、入母屋の東面の端っこは、漆喰がボロボロでいつ落ちてもおかしくないような状況でした。最上層の東北の角は、ごそっと漆喰が落ちていました（写真17）。懸魚については漆喰が九ミリぐらいと薄いものですから落ちやすいところではあるのですが、完全に落ちてしまっていました。そもそも平成十五年、十六年ごろから調査を始めて、平成二十一年に工事にかかるまで、姫路市の職員が二十四時間、夜間も巡回して点検しているのですが、朝の四時から六時ぐらいの一番気温が下がって冷え込む時間になると、屋根から目地漆喰がポロポロ落ちてくるという状況をずっと聞いていました。調査をするなかで決定的になったのが、平成十六年の風台風で、瓦屋根が五本だけですが飛んでしまったということがあり、「これは修理するかどうかの調査ではなくて、修理をやるべきの調査をしよう」ということで、平成の修理が始まったのです。

写真17　破損状況

[平成の修理の内容]

・屋根葺き替え→瓦総数七万五〇〇〇枚　面積約二〇六〇平方メートル　平成24／11完了

・漆喰塗り直し→外壁漆喰　面積約五四〇〇平方メートル

屋根目地漆喰　約二〇六〇平方メートル　平成25／11完了

・構造補強→柱折損防止補強一七カ所　床補強三カ所　平成25／3完了

このように非常に短い期間で完了させせました。

[屋根の葺き直し] 屋根の葺き直しで今回新たに入れたのが、瓦の下に敷く桟です。木の桟と桟に渡すように瓦を置いていき、その桟に釘で瓦を一枚ずつ止めていきます(写真18)。本当は文化財の修理で元々の技法でないことはしたくなかったのですが、瓦が飛んで人命に関わるようなことがあってはいけないので、風邪対策として、こういったことをやりました。これは非常に安定した葺き方で、すでに岡山でこういう桟を渡した瓦の葺き方をしている寺院があり、解体までの三百数十年間一度も瓦を葺き直していないという実績がありました。今回この葺き方で修理しましたので、通常は瓦の葺

写真18　屋根の葺き直し

き直しは百年か百五十年でするものですが、部分的に割れたりしたら差し替えていかないといけませんが、大きな葺き直しは次の解体修理までしなくてもいいと思います。

葺き土の量は、昭和の修理のときにも相当量は減らしました。昭和の大修理前は平米当たり二百キロの土の重さがかかっていたと言いましたが、昭和の大修理で三分の一まで減らしました。そして今回、葺き土の量をさらに半分ぐらい減らしました。その分、木の桟が載ったので重さ的には変わらないのですが。本来は土は要らないのですが、元々土葺きであったという技法的なところを残すために、丸伏せは土でやりました（写真19）。文化財ですので、原則、元通りに戻すということです。材料、つまり実際の葺き土は新しいものになりますが、同じ工法でやるというのが鉄則です。

写真19　屋根の土葺き

［壁塗り直し］　壁も、オリジナルと同じように木を渡してたくさんの藁をぶら下げて壁を塗っていくというやり方です。そして仕上げの漆喰を塗って、完成です。

［大天守以外の修理］　大天守以外については、平成五年（一九九三）に世界文化遺産に登録されたのを機に、翌平成六年から平成三十四年度までの二十九年間（一九九四～二〇二二）に

わたる「平成中期保存修理計画」というものを持っています。

昭和五十八年（一九八三）ごろから大天守を除く八十一棟については、「昭和の修理」が昭和九年から始まっているのでもうこの段階でも五十年近い相当の期間が経っているわけで、ずっと継続的に保存修理を実施していました。それは長い計画ではなくて、当面三年間ぐらいでどこをやるか、その三年が終わったら次の三年でどこをやるか、というような超短期的な計画で、毎年のように実施していました。しかし、世界文化遺産に登録されるうえで厳格な保存修理・維持管理が求められたので、二十九年間にわたる修理計画を立てたということです。今年平成三十年度になりますので、あと四年間で八十一棟についてはひと通り終わるということです。

「修理の内容」は漆喰の塗り替えと破損瓦の差し替えで、お化粧直し的な修理です。「修理の意義」は①計画的修理の継続、②過度の劣化進行防止、③伝統技術（材料含む）の保存・継承です。「修理の意義」に重きがありまして、三つの意義のうちで一番大きなところは「過度の劣化進行防止」です。木造は構造が柱や梁で、その構造自体が腐って取り換えということになると、文化財としての価値がどんどん落ちていくと考えています。ですから、漆喰がある程度傷んだ段階で塗り替えることによって、木材のところまでは劣化させない、という考えでやっています。「伝統技術の保存・継承」にも大きな意義があります。左官屋さんも昨今どんどんいなくなっていますので、毎年仕事を出すことによって左官屋さんを育成していく、技術を伝承していくという役割も持っています。また、材料も特殊なものがありますので、そういったものも、ずっと発注することによってつくり続けてもらうということです。最近のことでは、漆喰の糊になる、北海道産の銀杏草《ぎんなんそう》という海藻があるのですが、それを取り扱っていた問屋さんが今年いっぱいで店を畳むことになって、当面の材料は確保していますが、そのあとはどうして海藻を手に入れようか、頭を悩ませているところです。

◇——これからの修理

これからの修理はどうなるかということですが、第Ⅱ期平成中期保存修理計画、さらに元号が変わりますので新元号の二十九年間（二〇二三〜二〇五一）の中期保存修理計画をまた策定していくことになります。昭和五十八年（一九八三）からずっと保存修理を実施し続けてきて、どの建物のどの部分に弱点があって、傷みやすいかというのもわかっていますので、そこを加味して順番を入れ替えながら組み直すという作業を、今後二年間ぐらいで策定しようと考えています。修理の内容は、漆喰の塗り替えと、屋根瓦の葺き直しです。昭和の大修理からほぼ百年が経って、雨漏りがしている屋根も時おり見受けられるという状況です。今までなら割れた瓦をその部分だけ差し替え直す工事で済んでいましたが、第Ⅱ期平成中期においては屋根を葺き直すというような、大掛かりな工事が非常に多くなってくると考えています。それは今まで単年度、一年間で終わらせていた工事が、二年をまたぐ工事になるというようなことです。

最近では、リの一、リの二、お菊井戸のところに鯱瓦を飾ってある渡櫓がありますが、それを二年かけて、屋根の葺き直しをしました。来年はその両脇、チの櫓とぬの門の修理をします。リの一渡櫓を修理したときにチの櫓についても少しめくったてみたら状態が悪かったので、もしかしたらこれも葺き直しになるかもしれません。チの櫓は屋根の面積が小さいので一年で終わるとは思うのですが、二年にまたぐことになるかもしれません。観光のことを考えると「写真を撮られへんやないか」とか言われるのでちょっとつらいのですが、姫路城にはほかにもいろいろな写真スポットがありますので、ご容赦いただきたいと思います。

文化財の修理サイクルというものがあります。昭和のときに「解体修理」をして、大天守のみならずほかの櫓でも全部、解体修理を行なっています。今回の大天守は「部分修理」で、いま大天守以外でやっているのも「部分修理」です。大天守は初めての部分修理でしたが、ほかの櫓については二回目となります。さらに部分修理を何回か加えます。そして、木造の建物で、石垣の上に建っていますので、どうしてもつなぎ合わせているところが緩んで傾いたり歪んだりしてしまうため、屋根の小屋組みまでを解体して柱を立て直すというような「半解体修理」

をします。それが終わるとまた部分修理を何回かして、また解体修理ということになります。おおよそ部分修理のサイクルは、大天守は五十年に一度、今回も五十年に一度の部分修理でした。ほかの建造物については三十年に一度という修理サイクルでいまは考えています。ですから大天守は五十年後の二〇六八年ごろにはまた、素屋根をかけるかどうかはわかりませんが、大きな足場をかけての工事が見られることになります。

大天守は一六〇九年に築城されました。昭和の大修理で解体修理するまで三五〇年かかっていますので、次の解体修理は二三三五年ごろだと思っています。嘘みたいですが、根拠はあります。全国に四五〇〇から五〇〇〇ぐらい国の文化財があり、それらのさまざまな修理サイクルや、古文書などを解析した結果、〇・八という解体修理サイクルの係数が出てきました。つまり、三五〇年×〇・八＝二八〇年が次回の解体修理までの期間ということで、二二三五年ごろなんです。その次が、三五〇年×〇・八×〇・八＝二二四年で、二四六〇年です。その次が〇・八をもう一度掛けて一八〇年後で、二六四〇年。その次が〇・八をもう一度掛けて一四〇年後で、二七八〇年。間隔が一五〇年以下になると次は〇・八を掛けられなくなり、それ以降は一五〇年ごとにというのが、今考えられているサイクルです。奈良には古い建物がたくさんあります。唐招提寺や薬師寺東塔は解体修理をしたところですが、実は前回は明治期にしているので、奈良時代ぐらいの古い建物についてはすでに一五〇年サイクルに入っているということです。薬師寺東塔の次の解体修理工事はまた一五〇年後になると、修理関係者や文化庁はそう考えています。姫路城より早いペースですね。

ただ姫路城の大天守に当てはまるかどうかといえば、当てはまらないとは思う、当てはまらないでいてほしいと願っています。昭和の修理のときにコンクリートの基礎まで入れてしっかりした構造補強をしていますので、なんとか避けたいとは思っています。けれども、次にまた解体工事がされる根拠は持っているということです。どの建物にも当てはまるかというと例外もありますので、そういう意味で姫路城には当てはまらないでほしいと思っているところです。

シンポジウム
姫路城――人類の遺産を生かす

［基調講演］

世界遺産のなかの姫路城

久保 美智代

私は世界遺産が大好きで、これまで世界五十カ国以上、四百カ所以上の世界遺産を訪れていて、世界遺産が自分のライフワークだと思っています。そして、世界遺産をただ旅するだけでは物足りなくなり、世界遺産に住む人の気持ちを知りたい、世界遺産を守る人たちの暮らしを体験してみたいと思って、住まいを奈良、姫路、そして現在は京都に移して、活動してきました。姫路には、「平成の大修理」が始まる前の年ぐらいまで住みました。せっかく姫路に住むのであれば毎日お城を見ながら暮らせたらどんなにうれしいかと思い、御幸通りにあったヤマトヤシキ近くの、九階建てのビルの八階に部屋を借りました。幸せでしたね。ガラッと窓を開けると、毎日姫路城が見える。真っ青な空をバックにした真っ白

い白鷺城はもちろん美しいのですが、雨の日にぼーっと霞むお城や、桜、若葉、イチョウに彩られたお城。そして、雪が降ったときのモノクロの姫路城。朝、雪が降ったら、すぐカメラを抱えて、三の丸広場まで走りました。日本の世界遺産は、なんと四季折々の色と美しさを持っているのかということを、姫路に住むことによって実感しました。

◇――世界遺産の二十五年を振り返る

日本で初めての世界遺産が、この姫路城でした。一九九三年の登録で、自然遺産が白神山地と屋久島、文化遺産が法隆寺と姫路城という四件から始まったのですが、二十五年経った現在、何件に増えたかご存じですか？　正解は二十二件です。二〇〇〇年までは、古都京都の文化財（一九九四年）、白川郷・五箇山の合掌造り集落（一九九五年）、原爆ドーム（一九九六年）、厳島神社（一九九六年）、古都奈良の文化財（一九九八年）。関東にもほしいということで、日光の社寺（一九九九年）。そして沖縄の琉球王国のグスク及び関連遺産群（二〇〇〇年）と、世界遺産が増えていきました。私のなかでは、二〇〇〇年までは「イベント記念の登録」と名づけています。古都京都の文化財が世界遺産になったのは一九九四年で、遷都一二〇〇年記念の登録でした。一九九八年の古都奈良の文化財は、奈良市制百周年を記念した登録でした。琉球のグスクは二〇〇〇年の登録で、沖縄サミット開催を記念した登録です。原爆ドームは一九九六年でした。一九七九年にアウシュビッツ強制収容所（ポーランド）が世界遺産に登録されていたので、「ぜひ原爆ドームも」という声が上がっていたのですが、それまで文化財というのは歴史が古いもの、きれいに残っているものという概念しかなかったので、原爆ドームを文化財にという規定がなかったのです。それで市民の署名活動が行われ、戦後五十年の一九九五年に文化財保護法の史跡の指定基準が改正されて、原爆ドームが国の史跡に指定され、世界遺産へ推薦されました。これは市民の力で世界遺産にした一つの例でした。

そしてこのころから、日本で世界遺産ブームが起こってきます。紀伊山地の霊場と参詣道（二〇〇四年）、それから石見銀山遺跡とその文化的景観（二〇〇七年）が世界遺産になるのですが、このときまでは、どの世界遺産も国宝であったり史跡であったり、日本を代表する古来のものでした。それが紀伊山地の霊場と参詣道の登録で、忘れ去られそうになっていた古道が世界遺産となり、石見銀山遺跡の登録で、埋もれていた産業遺産に初めてスポットライトが当てられることになったのです。日本各地で、古道だったら地元の山にある、産業遺産だったらうちの町にもあると、世界遺産が身近に感じられるようになってきました。

これを受け、もっと拡大するために地元から推薦してくださいと文化庁が動き、世界遺産に押し上げていったのが、富士山（二〇一三年）、富岡製糸場（二〇一四年）、明治日本の産業革命遺産（二〇一五年）、宗像・沖ノ島（二〇一七年）、今年二〇一八年は、長崎と天草地方の潜伏キリシタン関連遺産でした。そしてフランス政府からの要請でル・コルビュジエの建築作品（国立西洋美術館）（二〇一六年）が登録され、現在二十二件登録されています。

最近世界遺産になったところを見ると、構成資産が多くてタイトルも長いものが多いですね。たとえば富士山ですが、自然遺産での登録であれば「富士山」でよかったのですが、文化遺産での登録でしたので「信仰の対象と芸術の源泉」というサブタイトルがついています。構成資産は、その信仰を表すための、浅間《せんげん》神社や、富士講の開祖が修行した湖や滝、さらに芸術を示す意味での三保松原で、これらの一つ一つをつなぎ合わせて初めて、信仰の対象と芸術の源泉としての富士山の意味がわかるという、ストーリー重視の世界遺産登録に最近変わってきています。明治日本の産業革命遺産に至っては、日本の世界遺産のなかで唯一、地名がタイトルについておらず、出来事にスポットライトが当たっています。それもそのはず、八つの県にわたる世界遺産で、構成資産が二十三です。このように、かつての一つの地域に一つの世界遺産という一カ所集中型の世界遺産登録から、寄せ集めで分散、ストーリー型の世界遺産登録というのが現在の主流になっていて、おそらく今後もこの流れが続いていくと思います。

そのなかにあって初期に登録された姫路城は、何がいいかというと、まずタイトルがわかりやすいですよね。あと、写真を見ただけで圧倒的な存在感と美しさが感じられ、どの国の誰もが行きたくなります。今後世界遺産が増えれば増えるほど、世界遺産姫路城のわかりやすさ、シンプルさの価値が、日本のなかでどんどん高まっていくのではないでしょうか。

◇――防御の城、美観の城

皆さんに一つ質問です。今日現在、全世界で世界遺産はいくつあると思いますか? ①四一一カ所 ②七五〇カ所 ③一〇九二。正解は、一〇九二です。もう一千を超えています。①の四一一というのは、二十五年前、姫路城が世界遺産になったときの数です。それが二十五年経って、約二・五倍の一千以上に増えています。

そんななかでもお城が数多く世界遺産になっていますが、城郭都市も含めてお城の世界遺産を見てみると、ヨーロッパに集中しています。わかりやすくするために、これを二つのグループに分けました。一つは防御のためのお城、もう一つは美観のため、美しさや権力の象徴としてのお城。お城めぐりをするときには、大きくこの二つのタイプがあるのではないかと思っています。

城壁に囲まれた防御のためのお城には、フランスの中世の城塞都市カルカッソンヌや、イギリス・ウェールズにあるグウィネズのエドワード一世の城郭と市壁などがあります。

美観のためのお城の一例としては、フランスのロワール渓谷周辺にあるシャンボール城があります。四四〇の部屋と三六五の煙突がある豪華な城ですが、フランソワ一世はここを狩り場に使い、ほとんど滞在していないという、まさに贅沢のかぎりを尽くしたお城です。

では姫路城はというと、私はこう思います。いろいろな防御機能が緻密に計算されてつくられているうえに、見た目も美しく、両方の要素を兼ね備えている。立て籠もるための城といっても、破風があったり懸魚があったり鯱があったりして、美意識も洗練されている。日本の繊細さが生んだ、木造建築の最高峰です。それに四季折々の美しさが加わって、まさに日本を代表するお城です。

◇――お城だけではない「城下町の魅力」

しかしながら、世界を旅しているときにちょっと寂しい経験をしました。「どこから来たの」と聞かれて、「日本の姫路から来た」と言ったら、「姫路ってどこ？」と聞かれることが多いんですね。「世界遺産の姫路城があるところよ」と言っても、なかなかわかってもらえない。これが京都だと話が違って、「京都に行ったことがある」という人が多い。姫路城は、まだまだ世界にはそんなに知られていないのかと思ったりします。

訪日外国人旅行者向けの関西統一交通パスのデータを分析したグラフを見つけました。これは外国人が利用できる関西のＪＲや私鉄各線共通のＩＣカードのデータを調べたものです。これによると、観光客が一番多くて滞在時間も長いのは大阪です。空港がありますから。二番は京都です。兵庫は、訪れた観光客数は二府四県のなかで四番目ですが、滞在時間が六・六時間となっています。ＩＣカードを使って鉄道で旅をする外国人は基本的には個人旅行者ですから、自由が利くので、長く滞在してくれる可能性はあります。でも平均六・六時間ということはまったく泊まらないということです。姫路城だけ見に来て、その周辺をちょっと見てまた帰るというかたが多いのではないでしょうか。

お城の魅力というのは、城下町にもあると思います。お城までまち並みを楽しみながら歩いてみたくなるような仕掛けがあると、もっと魅力的になるのではないでしょうか。たとえばチェコ・プラハでは、プラハ城に行く道を「王の道」と呼んでいて、市民会館や天文時計のある広場を抜け、大道芸や似顔絵描きで賑わうカレル橋を通り、坂をのぼってプラハ城に着くと、まち並みが高台から見える。音楽の街でもありますので、そこでコンサートのチラシをもらったりすると、夕方から夜にかけてはコンサートに行ってみよう、伝統の人形劇に行ってみよう。そして夜はきれいにライトアップされる。というような、一泊二泊してみたくなるような工夫が、城下町の魅力になっていると思います。

姫路の城下町も、野里ののこぎり横丁とか、内堀だけでなく外堀も残っていますし、景福寺にのぼれば美しい景色も眺められますし、そこに行かないのはもったいないと思うような場所がいくつも見受けられます。なんとかこれらを駆使して、お城だけではない「城下町の魅力」が姫路市に加わると、もっともっとお城を楽しめる。そうすると、より、城とまちの印象が、来た人の心に残るようになると思っています。

一つおもしろい世界遺産の例として、北イタリアにある有名なワインの産地「ピエモンテの葡萄畑景観：ランゲ・ロエロとモンフェッラート」があります。美しいブドウ畑が周りを取り囲むなかで、それを生産している農家やワイナリーが集まっている村々が点々としているところを文化的景観といいまして、世界遺産です。その小さな集落の中心にあるのがやはりお城で、グリンザーネ・カヴール城です。中に入ってみると、試飲ができるエノテカ（ワインショップ）とワイン博物館になっていて、レストランとカフェがあり、完全に「ワインのまち」というイメージを持ちます。つまり、お城がまちをPRするための最大の舞台になり得るわけですので、そのお城に何を表現してもらうか、どんなメッセージを込めるか、といったところがこれから大事になると思います。

それからもう一つ、英国・スコットランドの首都エジンバラのエジンバラ城。ここでは八月に全世界の人をひき付ける大きなイベント「ミリタリータトゥー」が開かれます。姫路城でいえば三の丸広場のようなところに大きなスタンドを組んで、三週間、日曜日以外の毎日、伝統衣装に身を包んだ人たちが、伝統楽器バグパイプのショーをするのです。最後のフィナーレは会場の観客全員が立ち上がって腕を交差して手をつないで、スコットランド民謡「オールド・ラング・サイン」(「蛍の光」原曲)を歌う。スコットランドの歴史を象徴するお城の城門の前の広場を舞台にして、スコットランドの伝統の衣装と楽器を使い、そして最後は観客全員で大合唱する。まさに自分たちはスコットランド人であるという誇りがこのイベントにすごく籠もっていて、すばらしいなと思いました。

せっかく大手前通りがすごくきれいになり、駅を降りたときに目の前に出てくる真っ白な姫路城はとてもすばらしいので、そこに行き着くまでに何かいろいろな仕掛けをして、来るかたが楽しみながら、姫路城へ行けるようにしていただきたい。もしくは北のほうまでぐるっと行ってもいいです。これから、そういう点と点を結んで一つの線にするような動線がたくさんできていくと、まちの賑わいやまちの印象がもっとよくなるかなと思っています。何か参考にしていただければうれしく思います。

［パネルディスカッション］

世界遺産姫路城　きのう・きょう・あす

［パネリスト］
村上裕道（文化庁地域文化創生本部研究官・高砂市立図書館名誉館長）
山下史朗（兵庫県教育委員会文化財課長）
大谷輝彦（姫路市教育委員会文化財課課長補佐）
久保美智代（世界遺産研究家・日本イコモス国内委員会会員）
［コーディネーター］
志賀咲穂（兵庫県立大学名誉教授・播磨学研究所副所長）

※肩書きは当時

◎姫路城、世界遺産登録への道のり

志賀●姫路市民の皆さん、姫路城登録二十五周年おめでとうございます。人間でいうと二十五年というのは青年期で、まだまだこれからというところだろうと思いますが、一方でこんな話を聞いたことがあります。会社が一つの目玉商品でがんばっていけるのは二十年か二十五年で、会社の最初の寿命は二十五年ぐらいで来る。姫路城に関しても、ここ二十五年ずっとがんばってきて、たくさんの観光客を呼べるようになってきましたが、ここまでがまず一つの区切りで、ここから先、さらに世界遺産を生かしていくためには何か新しいことをやっていかないといけない、そういう時代に突入したのではないかと思います。

今日はここに、世界遺産研究家の久保美智代さんをはじめとして、国と県と市の文化財の保存・活用の専門家にお集まりいただいて、テーマを「きのう・きょう・あす」と設定しました。

それではまず非常に大事なことですが、「きのう」過去を振り返りましょう。私は二十五年前は、姫路の大学に赴任したばかりでした。当時の記憶をたどるのですが、姫路城が世界遺産になったという話が印象にないんですね。なぜかはわかりません。

そのあたりの話を、村上さんから、姫路城がどういう経緯でトップランナーとして世界遺産に登録されたかを、国・文化庁の立場でお話しいただけますか。

村上●私はいま文化庁の所属ですが、姫路城が世界遺産に登録される前のころは、文化財建造物保存技術協会という文化財修理の専門職の集団にいました。行政というよりも、修理に関して、文化財の本質的な価値をどのように護っていくか、といった話をするセクションです。その当時の手紙類や自分のメモ類を、このディスカッションのために見直しました。すると当時は、姫路城を選ぶという以前に、日本の文化財保存理念について、世界のなかでどうやって立ち位置を確保するかという話をしていたことを思い出しました。

というのは、一九六四年にヴェニス憲章という歴史的建造物の保全と修復に関わるユネスコの国際憲章が採択されました。その際に歴史的建造物をどういうふうに直すかということが議論されているのですが、そのなかでヨーロッパでは、日本の歴史的建造物について大きく誤解されていることがわかりました。日本の歴史的建造物はすべて、伊勢神宮にみるように、周期的にまっさらにしていくものだと、一般から専門家まで思っていたのです。この誤解をどう解くのかというのが一つ。それからもう一点は、石造の建物に比べて、高温多湿の日本では木造の建物の材料の寿命が短くて、どうしても取り換えをしていかなければならず、日本の気候風土に合わせて、日本の修理技術は発達していた。それと、ヴェニス憲章との整合性をどうするかという問題がありました。そういう話を、一九七二年に世界遺産条約が採択されたときぐらいからやっていたのです。日本が世界遺産条約に加盟するのは一九九二年、姫路城が登録される少し前でした。

姫路城が世界遺産登録に至るまでに大きな役割を果たしたのは、姫路市立日本城郭研究センターの初代名誉館長をされていた伊藤延男先生でした。伊藤先生は一九七八年から八七年まで東京国立文化財研究所の所長をされていて、日本の文化財保存技術と世界の文化財保存技術の調整を一生懸命考えておられました。イコモスという、世界遺産の審査をする国際的組織が『インフォメーション』誌という雑誌を毎年、世界中に向けて出していますが、その一九九〇年の号に、伊藤先生と、日本と同じく木造建築が主なノルウェーのクヌート・アイナール・ラールセンというノルウェー工科大の教授との対談が掲載されています。その号の表紙を飾っているのが姫路城なんです。そしてその対談で「日本の文化財保存の手法は、ヴェニス憲章等と整合性がある」と述べているんです。つまり本丸であるイコモスの発刊誌において一九九〇年には世界遺産登録の場所取りが、私からみるとできていたと思います。

もう一点、日本が世界遺産条約を批准して、最初の推薦書を出すまでにひと月ほどしかありませんでした。当時姫路市で担当だった山下紀年さんも中山智雄さんも、県にいた我々も、目を白黒させて膨大な資料を準備しました。いま考えてみると、姫路城は関係者の数が少なくて、なおかつ説明がしやすくてシンプルです。そういうシンプルなところでないと間に合わないということと、場所取りができていたということの二つが重なって、姫路城が第一号になったのだろうと思います。そう考えてくると、姫路城が、日本の文化財の修理のありようを世界に通じるものだと証明したことが大きかった。それが第一号という名誉につながったかと思います。

◎国道二号から北は「国宝」と同じ

志賀●そのようにして第一号で姫路城が登録されて、二十五年経ちました。その間には山あり谷ありだったと思いますが、そのあたりのことを山下さんにお話しいただきます。

山下●世界遺産姫路城というと、皆さんは真っ白な天守や建物のことと思われますよね。国宝が大天守、小天守、イ・ロ・ハ・ニの渡櫓の五件八棟です。重要文化財がそのほかの建物や土塀が七四件です。じつはその下の、一〇七ヘクタールもある広大な地面も「特別史跡」という文化財なんです。ピンと来ないかもしれませんが、「史跡名勝天然記念物」という文化財のジャンルがあって、そのなかで「特別」というのは、「重要文化財」に対する「国宝」と同じことです。

ですから、国宝姫路城は大天守・小天守群だけかもしれませんが、国道二号線の上り車線から北側、底地の地面一〇七ヘクタールもいわば「国宝」、特別史跡なんです。世界遺産にはこれ全部が、白いお城も石垣もお堀も、実はこのイーグレひめじの下も認定を受けているんです。

お城の周辺には戦後、いろいろな建物が建っていました。それが特別史跡になったことで、移転を順番にずっと重ねてきています。そんななかで私どもは、姫路市が計画されたことを、国の話も聞きながらお手伝いしていく。世界遺産になったことで、もう一つハードルが上がっているんですよ。世界遺産になるには国の法律で守られなければいけないので、それが文化財保護法で特別史跡になった、そしてそこを現状変更しようと思ったら、姫路市が決めたことに従いつつ、基準もつくらなければいけません。

それともう一点、「世界遺産になった当時の印象がない」という話がありました。どんなタイミングで世界遺産に認定されたかということもあったと思います。地元からしてほしいという動きが出る場合と、公《おおやけ》の立場で進める場合があります。これは世界遺産に限らず、史跡指定でも同様です。後者の場合は、公が認定に向かって進めても、周りがついていけないということもあると思います。しかし姫路城の場合は、あれだけすばらしい建物があって、皆さんにお城の価値がわかりますから、関心がなかったわけではないと思います。その証拠に、認定直後に記念のフォーラムがあったのですが、市民会館で八百人の定員のところに三千人以上が応募されて、大多数が抽選にもれて話を聞きに行けませんでした。全然関心がなかったということではなく、元々が国宝ですから、世界遺産になって当然だと思われていたのではないでしょうか。

◎この二十五年で国の対応も厳しくなった

志賀●姫路市の大谷さんから、当時の市の内部でどんな感じだったのか、それから、世界遺産登録されたことによって文化財行政のハードルが上がったのではないかと思いますが、そのあたりの話を聞かせていただけますでしょうか。

大谷●二十五年前、これは日本全国そうだったと思いますが、世界遺産と聞いてピンと来られるかたは、ほとんどいなかったと思います。当時の新聞記事を拾ってみたのですが、「姫路城世界遺産登録」の記事は、地方版レベルでしか出ていませんでした。今だったらついこのあいだ「長崎と天草地方の潜伏キリシタン関連遺産」が登録されましたけれども、登録のかなり前の段階から新聞の紙面に結構大きく出ますよね。ですので、二十五年経ってこういうシンポジウムができるようになったのは、我々の地道な活動がようやく浸透してきて、日本国内で世界遺産が認知されてきたということかなと思います。

世界遺産登録当時、庁内の担当者すら「世界遺産って何ですか」というところから始めて、少しずついろいろ進めてきました。登録日は、今は正式にユネスコから一九九三年（平成五年）十二月十一日と通知も来ていますので十一日ですが、当時は十日が登録日ということだったので、十二月十日をスタート日として、翌年「キャスティバル94」というイベントを一年間通じて大々的にやりました、先ほどいわれた市民会館でのシンポジウムもその一環ですし、ファッションショーもやりました。このキャスティバル94を通じて、世界遺産というものを市民に少しは知っていただけたのかなと思います。

その後は、二〇〇一年の平泉の世界遺産登録のときに、一度落ちたこともあって新聞に非常に大きく出たというのと、一九九六年から「世界遺産」というテレビ番組が放映されるようになった、そういうことで広まっていったように思います。

世界遺産の保護については、これは世界遺産条約上、国内法できちんと担保されていないといけないと決まっています。私どももそれに基づいて、きついことを言わないといけないことが場面としては多いんですが、そういう国内法での基準が、世界遺産が浸透するにつれて厳しくなったという側面は確かにあります。今までは文化庁に「こういうことをやりたいのですが」と相談をかけると、「いいんじゃないの」という話だったのが、次に持って行くと「いや、それはちょっとまずいね」と、トーンが少しずつ変わってきているのは確かだと思います。先ほど、「特別史跡」というお話がありましたが、特別史跡は国内に六十二しかないんですね。その特別史跡のなかでも世界遺産は今のところ姫路城だけですから、登録から現在までの二十五年のなかで、国としても特別に姫路城についてはより厳しい対応をされるという側面はあると思います。

◎世界遺産の仕組みを考えた人はすごい

志賀●最後に、久保さんにお話しいただきます。

久保●二十五年前は、愛媛で学生をしていました。楽しい学生生活を送りすぎたのでしょうか、姫路城世界遺産登録のニュースはまったく私の耳に入ってこずでした。先ほど、新聞も地方版での扱いだったとおっしゃっていましたが、このあいだ法隆寺の管長さんとお話しする機会があったとき、世界遺産登録認定証を見せていただきましたが、登録される側も世界遺産とはなにかということがよくわかっていなかったようです。この二十五年の世界遺産ブームは誰も予想できなかったのではないかと思ったときに、この仕組みを考えた人はすごいと思います。

◎しんどいばかりで、おもしろくない？

志賀●今日《こんにち》どうなのかという話に移りたいと思います。登録から二十五年経って、平成の大修理を終えてお客さんが急増したなかで、現在、お城を中心とした姫路の世界遺産に対する取り組みはどうなっているか、今度は大谷さんから伺えたらと思います。

大谷●昭和の大修理が終わったあとも入城者が急増したと聞いています。このたびの平成の修理は「大修理」ではなくて、瓦と壁を直すメンテナンスが中心でした。一方、昭和の大修理は全部解体して悪い所をすべて直すという根本的な修理です。平成の修理は、前回の修理からざっと五十年経っていましたので、この先もだいたい五十年周期で回していくことになる、つまり、少なくとも五十年後に同じような修理が必要だということです。大天守以外に、実は毎年どこかで修理はしていて、今も帯郭櫓のところで修理をやっています。

メンテナンスだったとはいえ、工事の規模が大きく、長期間皆さんにお見せできなかったこともあって、再オープンと同時に、日本の城郭では一番大きな数のお客様が来られました。私も何度かそのピークのときに案内したことがあるのですが、天守の一番上なんて身動きできない状態でした。ああなると、世界遺産、国宝、重要文化財としての価値をわかっていただくのがすごく難しくなります。それが、ここ最近、インバウンドも含めてお客様が増えたことに対する我々の課題だと思っています。

修理の前後で、お城の中で大きく変えたことがあります。修理の前は大天守の中に、酒井家代々のお殿様の甲冑とか絵画や書画を、ガラスケースを置いてあたかも博物館のように展示していました。けれども、姫路城の大天守は建物そのものに価値があるわけなので、より魅力をわかっていただきたいと、修理後はあえてそれらを別の場所に移し、天守の中は何もない状態にしました。先ほど言ったように、お客さんが多くて追い立てられるように見ると、何もない建物を、ただ階段であがっておりただけになってしまう。

ある有志の会のかたをご案内したとき、私がそのグループから離れたときに聞こえてきたのですが、「しんどいばっかりで何もおもしろないな」とぼそっと言われたんですね。確かに、いま日本で一番見学が大変な世界遺産だと、自嘲的な意味も込めて言うようにしています。管理上やむを得ないことですが、お城に入って出てくるまで、エアコンがかかっているところが一カ所もない、ごはんを食べるところが一つもない、座って休憩できるところも基本的にない。とにかく世界遺産を見ていただくには一にも二にも体力と根気が要るというのが、今の姫路城の状態だと思っています。

それと、姫路市民のかたにもっと、少なくとも年に一、二回はお城にあがっていただきたいなと思っています。私はいま仕事上、お城にものすごく頻繁にあがっていますが、毎回「こんなところにこんなおもしろいことが」という発見があります。

◎木を切る必要性

志賀●現在の姫路城について山下さんにお話しいただきます。

山下●大勢人が来るデメリットというと、先ほどもお話がありましたが、ゆっくりよさを味わってもらえないということがあります。たとえば但馬の竹田城は、雲海に浮かぶ城の写真で突然有名になって、たくさんの人が押し寄せるようになりました。ところが雲海に浮かぶ城というのは向かいの山から撮ったもので、竹田城にのぼっても見ることができません。そうやってがっかりして帰られると、次は来てくれない。案の定、竹田城は団体客が激減しました。それを反省点に、地元の朝来市では今、個人客にじっくりまち並みも歩いてもらう、城の魅力ももっと知ってもらうという取り組みをやっています。

予算の面では、姫路市から「国や県が予算をつけてくれない」と怒られます。建物の修理はしっかり着実にやっていっているのでいいのですが、そのほかの石垣の修理とかが、財政的に厳しい今、思うようなスピードでできておらず、そのへんは申し訳ないと思います。

一方で普段から心がけていただきたいと思うのが、樹木です。平成の修理後、お城が再オープンしたときに、正面側の樹木は大分伐採されました。伐採をめぐっては反対意見もありましたし、江戸時代に元々なかったものが生えているのはおかしいという賛成意見もありました。適度に樹木もありながら、バランスを取りながら、美しくしていく必要があると思います。そして城の裏側はまだ、年々木が大きくなり過ぎてきています。突然それらの木の寿命が来て倒れる、その倒れた跡に鳥が運んできた外来種のシュロなんかが広がる、そうして、元々の森の存続が危なくなっている場所も出始めています。ですから、景色の面からも、森を守る面からも、適度に樹木を切っていかないといけないと思っています。

◎お城そのもの、周辺、そしてその先へ

志賀●村上さんに伺いますが、世界遺産登録を期待するたくさんの地域が現在あり、そういうなかで姫路城は今後どうあるべきでしょうか。

村上●国として考えると、地域のかたがたが自らの歴史と文化をどう考えるかという意味では、世界遺産の組み立てはものすごくいいことだと感じています。人口の構成が大きく変化していくなかで、グローバル経済だけで世の中通じるわけでもないでしょう。地方を考えるとき、世界遺産や日本遺産、それから歴史文化基本構想（指定文化財、未指定文化財に関わらず歴史文化遺産を幅広く捉えて、総合的・長期的に保存・活用するプラン）は幅広い世代のかたに、自分たちの本当に大切なものは何かということを考える機会になる、そういう時代に入ったと私は感じています。

私の個人的な印象としては、姫路市は、世界遺産になったリーディングバッターとしてもものすごくいいことをしてきています。世界遺産登録後、当時の戸谷松司市長は、遠山敦子・文化庁長官に「花火だけでは終わりたくない、姫路が登録されてよかったと世の中が思うようなこ

とを考えたい」という話をすぐにされているんですよ。その時に提案された取組は三つありました。一つは皆さんよくご存知のスプリンクラー・ＩＴＶ設備をはじめとした本格的な防災設備の導入、そして、一つは保存技術です。左官と石垣の技術はお城の保存になくてはならないものですが、その全国的な保存団体の組織が当時はなかったので、それを姫路が事務局となって設立したいという話をされました。もう一点は、先ほど大谷さんから修理計画の話がありましたが、平成五年（一九九三）に国と県と市の三者で超長期の姫路城全体の維持管理計画をつくりました。大天守の平成修理計画も、そのときにすでに入っていました。傷んだら直すという局所的対応ではなく、医学でいうところの予防医学、プリヴェンティヴケアの発想をその超長期の計画に入れました。姫路城が世界遺産に登録されたことによって、そういう管理計画的なことをきちんと考えるようになりました。

石見市長になられてからは、地域の歴史、文化、自然等の地域資源の価値を改めて見直す「地域夢プラン」というのをつくられました。具体的には、市内の中学校区ごとに地域資源を中心とした地域の現況マップを作成して、地域資源を活用した事業をするものです。私はこれをものすごく評価させてもらっています。先ほど「地域のかたがたが自らの歴史と文化を考える」と申しましたが、それには、地域の小学校区や中学校区という子どもも参加できる単位で、自らが考えていく作業をしないとできないものですから、そういうことを全市できちんとやってこられているんですね。そしてそれをボトムアップして、「地域夢プラン」という一つのかたちにされた。それは主権を自分たちに置いて地域を捉えており、非常に大切な考え方を示しています。私は姫路城を「マネージメントの姫路城」と呼んでいきたいんです。

こうやって今まで、コアになるお城そのものの話、それからその周辺の計画の話と、両方きちんと、二十五年かけて姫路市はやってきています。その一方で、実際に姫路を訪れて、ものすごく不満に思ったことが何回かあります。電車で姫路駅に来て、そこから徒歩で姫路城を見て、好古園に回って、船場の本徳寺に行って、それからぐるーっと北側、東側へ回ると、四時間半から五時間かかりました。しかし、そのあいだに食べる所がない、休む所もない、これで「滞在時間を長くしてほしい」ってどういうこと?と思います（笑）。私は年に二回、観光客と同じ行動をして観察しております。今「マネージメントの姫路城」というときに、そういうところから始めてほしい。休む場所も、北側に行ってもらいたいならば北側にいっぱいある歴史的な建物を生かす。周囲にそういう場所をつくっていく作業をしないといけません。せっかく二十五年かけて姫路市はいろいろやってきています。この点を考え直してもらいたいというのが、今日、私がどうしても言いたかったことです。

◎不便さがよさを生み出すことも

志賀●先ほど久保さんに姫路はよくなったとお褒めいただきましたが、もう少しお願いします。

久保●私は六月にも姫路に来ましたが、すごくよくなりましたよ。私が住んでいるときは、姫路駅から出たときに目の前に姫路城は見えていなかったですし、大手前通りからは障害物が多くて姫路城の写真すらきれいに撮れませんでした。それが、今は駅に展望台はできていますし、大手前通りは歩道の幅が広くなりました。レンタサイクルの姫チャリもいいですね。姫路城の観光で、美術館からの姫路城も見ていただきたい、裏の北側からも見ていただきたい、堀も見ていただきたいと思ったときに、一番ネックになるのが、足がないことです。姫チャリなら、サイクルステーションのどこでも借りられて返却できて、機動力がありますし、自分の行きたい所に行きたいだけ行ける。ヨーロッパにも同じように自転車を借りて回れるまちがあって、効率よく観光できたので、姫チャリを見たときに「ヨーロッパに近づいたな、世界の観光都市になったな」と思いました。それ以外にも、人力車がいたり和船があったり、「すごいな姫路城、がんばってる、いいぞ、やっぱり二十五周年だ」と思ったわけです。アプリ「姫路城大発見」もゲットしました。

それで、先ほどの大谷さんの話に反論していいですか？　来た人全員が、天守にのぼらないといけないんでしょうか？（一同笑）みんな、姫路城に来たら絶対に天守にのぼって帰りたいと思うわけじゃないですか。でも、中には西の丸もありますし三の丸もありますし、周辺環境にもっとおもしろいものが増えたら、みんながみんな天守にのぼらなくても、姫路城のよさを感じて、満足して帰っていただけるのではないかなと、一方で思っているんですよ。全員が天守にのぼるというのが大前提でなくてもいいかなと。

あと、観光客からは大ブーイングを受けるかもしれませんが、「不便益、すなわち不便さがよさを生み出す」こともあると思います。たとえばフランスのモン・サン・ミシェル、海に浮かぶピラミッド型の修道院です。周りは三六〇度海で、潮が引くと砂浜が現れるので、昔の人はそこを渡って巡礼しました。一八七七年、モン・サン・ミシェルの門の前まで車で行けるよう、道路ができました。するとその道路の両側に砂が溜まっていき地形が変わって、三六〇度の海に囲まれることがなくなっていきました。そこで二〇〇九年、また水が来るようにその道路を撤去して、二〇一四年に橋を架けたんです。潮は戻ってきています。その橋は自家用車や大型バスは通行できず、観光客は遠いところに車を停めて、そこからゆっくりと近づいてくる景色を見ながら歩いていくか、馬車で行くか、もしくは小型の電気シャトルバスで行くかです。観光客にとっては不便ですよ。でもその不便さのおかげで、自然の脅威が元に戻っていき、観光客は遠くからじわじわと自分に近寄ってくるモン・サン・ミシェルの感動を味わえるようになったと発想すれば、私はそちらのほうがいいと思います。

お城の中も、観光客が快適に過ごすためにわざわざ改装する必要はありません。改装して快適になるから、どんどん人がまた来てしまうんです、富士山のように。富士山だって、五合目まで道をつけなければ、あんなにオーバーな人数が登ることはあり得ませんし、むしろ下から登るほうが富士山のダイナミックさが感じられます。

どこの観光地も、適正なキャパはそれぞれ決まっています。来場者数が増えたことが、その観光地がうまくいっていることを測るバロメーターになっていますが、来場者数は指標の一つではありますが、最近、それに左右され過ぎています。受け入れ側がそれに媚びているというと言い過ぎですが、それに合わせ過ぎているという思いがあって、むしろ姫路市の皆さんが「こんな観光を姫路に来てやってもらいたい」というものを表現する、たとえば「まちを歩いてほしい」という提案があれば、まちを歩きたくなるようなつくりにするというような、受け入れ側にもう少し主体性のある観光施策が立てられたら、城と城下町が一体化する観光ができるのでは、と思いました。

志賀●かなりいい話になってきました。実際問題、人がたくさん来ることがいいことではなくて、来てもらった人たちに深く「よかったな」と思ってもらうことが大切です。二十五年経って、人数はそれほど重要なことではない、という段階に姫路城も来たのではないでしょうか。

◎外曲輪のエリアまで含めて考えよう

志賀●最後は、姫路城のこれからの二十五年のために、何をどんな方向で考えたらいいか、村上さんからお願いいいたします。

村上●先ほどはクレームで終わってしまいました（笑）。今度は私の夢を聞いていただきたい。キャパの問題で、小さいところは少数の人数しか収容できない。大きくすれば、多数の人が来ても大丈夫なんですね。だから、エリアの想定がものすごく大切になってきます。今までの話は、お城の中だけだとかお城のすぐ周りの特別史跡のところだけでした。そこだけで考えるのは、海外と比べて範囲が狭いと思っています。想定すべきエリアは、姫路城の世界遺産登録でのバッファゾーンまで考えるべきだと思います。バッファゾーンというのは、世界遺産を保護するため、必要に応じて遺産の周囲に設定される利用制限区域のことで、先ほど世界遺産の区域が一〇七ヘクタールという話がありましたが、バッファゾーンはそれより広い一四三ヘクタールあって、外曲輪の約半分と市街地の一部が含まれます（図）。姫路市は景観形成地区等でバッファゾーンの景観保全をきちんとされています。これからの二十五年を考えて、そこのエリアをどうやってクリエイティブな活動をする場所、マネージメントする場所にしていくかが、本当に大切だと思っています。

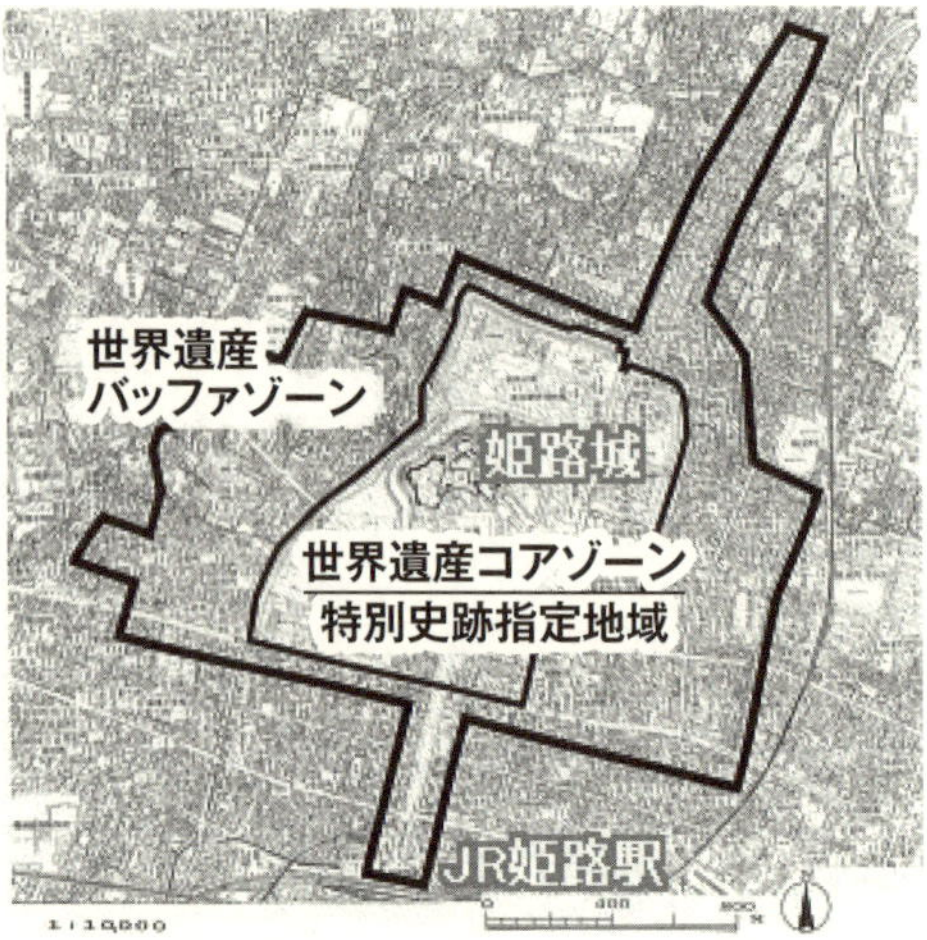

そこで考えられるいろいろな仕組みは、ビジネスにつながります。たとえば、宿泊施設。宿泊施設をつくるのは大切なことですが、姫路城にはどんな宿泊施設が合うかを考えて計画をしないといけません。また、周遊を考えたときに、たとえば、姫路市内には香寺町に日本玩具博物館という九万点を超える資料を所蔵する有名な博物館があるのですが、なぜ、そういうところと組んで周遊の組み立てを考えないのかと思います。「姫路市観光戦略プラン」では、せっかく住民が城と一緒になって歴史遺産をどういうふうに使っていこうか考えて、報告書もつくられて、勉強会も開かれている。そういう「もの」や「こと」をつなげていくための、その「あと一息」が出ないのがもどかしいと思っています。その「あと一息」が出てつながれば、歴史文化に基づいたクリエイティブな場所になるであろうし、来られる人数は今より増えるだろうと思います。

志賀●バッファゾーンをさらに広げた外曲輪までのエリアまで景観計画のなかで考えないとい

けないという話が出ましたが、私が姫路市の景観審議会にいたときに強く要求して、そこまで広げてもらったことを思い出して、お話しいただいて有り難いと思いました。その方向で行かないといけないと思っています。

◎城自体の魅力をもっと掘り起こそう

山下●城周辺の話は村上さんにお任せして、私は城自体の魅力を考えたいと思います。先ほど大手前通りが非常にきれいになったという話がありましたが、一方で、一〇七ヘクタールの広大な特別史跡のエリアに入ったときに、「ここからお城に入ったよ」というワクワク感がないんですね。特別史跡エリア、つまり中曲輪に入ったと気づかずに、そのままなんとなく内曲輪の入口である桜門、現在の大手門のところまで行ってしまいます。みんな「大手門からがお城だろう」と思ってしまうのですが、実はそうではなくて、もっと広大なお城があるわけで、そういうことをわかってもらう工夫がもっと要ると思います。

兵庫県政一五〇年でいろいろなことを調べていて、幕末の神戸・三宮事件（一八六八年）のときに伊藤博文らと一緒に事態を収拾した東久世通禧が、事件が一段落したあと姫路城を見に来ていて、そのときの日記に「これが天下人秀吉公のお城か」とあります。一八六八年に兵庫津周辺の幕府領を管地として兵庫県が置かれていましたが、姫路はまだ姫路藩のころです。そのころに一般の方々は太閤秀吉の城だと思っていたんです。

建物の大半は池田輝政時代のものでしょうが、私がもっと注目してほしいのはお城のベースになっている基礎の石垣部分で、あれは、かなりの部分が、実は秀吉の時代のものです。秀吉の背後には織田信長がいて、信長の命でつくられた可能性が高い。菱の門の東方石垣は一個の表面積が机二つ分か三つ分もある大きい石で積まれているもので、秀吉時代のものです。元は太閤秀吉がつくった城だというのが残っているわけで、今それが忘れられてしまっているフシがあるので、そんなことも掘り起こしていかないといけないと思います。

それとともに、兵庫県内には国指定史跡の城跡が全国最多の二十二あります。たとえば姫路市内には置塩《おじお》城という、播磨の守護赤松氏のお城があります。赤穂市には、日本で一番新しいぐらいのお城である赤穂城があります。それから県が管理している明石城も、大阪城と姫路城にはさまれて小さいお城だと思われがちですが、大きなお城です。そういった、あまり知られていないけれども魅力のあるお城がたくさんあります。そういうところと比較していくことで、姫路城の魅力がもっと知られていくのではないかと思います。

先ほど久保さんがお話しになった、大阪は観光客が多くて兵庫県は少ないというのは、兵庫県としても認識しています。もっと来てもらうために、姫路が拠点になってほかの城も知ってもらう、あるいは兵庫県には播磨エリアに国宝の建物もいっぱいありますので、見ていただけるところがたくさんあるわけですから、活用に向けて我々も努力していかないといけないと思っています。

◎江戸時代の姫路とお城を知ってもらいたい

大谷●姫路城をこの先どうしていくべきなのか、どうあるべきなのか。これは、先ほど村上さんからもご紹介いただきましたけれども、市民の皆さんからパブリックコメントを募集して、全体をどういうふうにもっていくべきなのかという計画を立てています。実際にご覧になったかたは少ないのかもしれません。姫路市のいろいろなセクションの職員が、姫路市をよりよくしていきたい、そのために姫路城にどんなことをしていったらいいのか、日々一生懸命に知恵を絞ってがんばっているのですが、市民の皆さんの目に見える状態になるまで、わかりにくいのだと思います。

たとえば世界遺産一〇七ヘクタールの範囲は、南は国道二号の上り車線から北は野里まで、東西はそれぞれ堀と船場川に囲まれた内部ですが、とくに南が知られていません。そこで、この世界遺産の範囲の、とくに南をなんとかしようと、大手前通りを南から順番に改修していっています。再来年にできたら、少なくとも改修前よりは、ここから向こうが世界遺産だというのがわかりやすくなるのではないかと思っています。

もう一つ、現在の大手門は昭和十三年（一九三八）に姫路市がつくったものです。元々は内堀に架かる太鼓橋を渡ると桜門という門があり、その奥に桐二門と桐一門があって、その三つで大手となっていました。そして江戸時代には、現在は三の丸広場の場所には大きな御殿ととてつもなくすごい庭園がありました。そういうことを少しでもわかっていただきたいと思って、地面の上に門の場所を表示してあります。

先ほど来お話がありましたように、姫路城というのは特別史跡・世界遺産の範囲だけではなくて、その外側ぐるり、姫路駅から北側ほぼ全部が城の中です。姫路は「城下町らしさがない」とよくいわれます。残念ながら太平洋戦争のときに空襲を受けたので古い建物が、とくに南側は残ってないのでそのように言われるのですが、実は決してそんなことはない。今の道路の九割以上が、江戸時代の道路と幅も位置も一緒です。そういう城下町としての潜在的な力は充分にあることをもっとわかっていただきたいと、地元の皆さんとともに工夫をしています。たとえば、大手前通りから一本西側の筋が本来の大手筋なのですが、正面の門である「中ノ門」に通じる道だということで、地元の商店街のかたを含めて「中の門筋」という言い方をされるようになりました。

それから今年、世界遺産二十五周年ということで、姫路市から『世界遺産姫路城 公式ガイドブック』を発刊しました。初めて「公式」と銘打ったものです。この中に、先ほどの御殿の話や最新の研究成果、これから姫路城をこういうふうにもっていきたいという我々の思いを込めていますので、ぜひご一読いただければと思います。

もう一つこれはミニ知識ですが、世界遺産登録のときの姫路城の英語の正式な登録名称は、Himeji-joです。Himeji castleではありません。ですから海外に行かれたときは、Himeji-joと言っていただければと思います。

◎「ファミリーウェルカム」な文化財に

久保●二つ、将来像を言います。今インバウンドがすごいブームになっていて、姫路にもそのブームが来ていますが、やがてブームは去るかもしれません。だからこそ次の二十五年、つまり五十周年記念に向けてやるべきは、「教育」だと思います。二十年、三十年経つと世代が変わります。少子化で人口も減っていきます。そんな世の中で、守る人材をしっかり育てていくことが大事です。たとえば海外には、大人二人に対して子どもは何人でも無料で入れるファミリーチケットがあったり、ドイツの博物館ではベビーカーを押したお母さんが優先的に中に入れてもらえたりしますが、そういう「ファミリーウェルカム」の態勢が日本の文化財はすごく薄いと思います。子どもが小さいときからそういうものに触れてこそ、大人になったときに守っていかなければいけないという気持ちが育つと、私も子どもがいてそういうことをすごく思うので、もう少し子どもたちに対してやさしく、とくに姫路は世界遺産観光のリーダーとして率先してやっていただきたいと思います。

もう一つは、いま道がブームです。姫路には、西国街道や但馬道、銀の馬車道も残っています。この道ブームに乗って、街道からやって来て、外堀から姫路城の外曲輪に入っていく、中堀から中曲輪、城下町に入って行くという感覚を味わってもらえる、そういう道を利用した観光も、アイデアとしてはおもしろいのではと思ったりしました。

志賀●四人の先生方から出てきたいろいろなアイデアを、ぜひとも生かしていきたいと思っています。ありがとうございました。

あとがき――「多角的城郭理解」に向けて

姫路城が日本で初めて世界文化遺産に登録されて、二〇一八年十二月で二十五年になります。国宝、世界遺産としての本質的価値は当然変わることなく維持、発信されてきましたが、この間、姫路城を取り巻く環境は、例えば、登城者の急増、平成の大修理、発掘調査等による研究成果の集積などにより、大きく変化しています。

平成の大修理では、大天守閣最上階における「新たな窓」の存在確認など未知の情報が明らかにされ大きな関心を集めたほか、「天空の白鷺」で修理の状況や天守閣の様々なパーツの詳細を目の前で見ることによって、城郭細部への関心がより高まったようです。

とりわけ登城者数は、城郭ブームと海外観光客の来訪によって急増し、姫路城は「旅好きが選ぶ日本の城ランキング」で連続してトップを走っています。リピーターも増え、来訪者の多くは、新たな観光的視点を探るようになっています。

来城者が、城郭細部への関心を持ち、多角的な視点等を求めるという潮流は、取りも直さず、姫路城への理解をもっと深めたいという欲求に外なりません。

そもそも、お城を理解するということは、どういうことなのでしょうか。私たちは、往々にして、建築的理解ばかりに思考をシフトしてきたきらいがあります。むろん、壮大で美しい城郭といった認識は、城郭理解の上で最も基本的な視点であることに疑う余地はありません。しかし、お城という巨大建造物は、天守閣を中心にした建物だけで成り立っているわけではありません。なぜそこに城があるのか―城郭成立の歴史的背景。どんな城主がどんな政治を行ってきたのか。城下町の様子はどうだったか。どんな物語が展開されたのか。失われた部分はなかったか。元の姿はどんなだったのか。世界の人々はどこに興味を持っているのか。そんな様々な側面を総合的に俯瞰して、初めてその城郭がどんなものであるかを知ることができるはずです。城郭の「総合理解」「多角的理解」という、ごく当然の視点が、ややもすれば失われがちになっていないでしょうか。

姫路城の世界文化遺産登録四半世紀という節目に当たり、播磨学研究所では、こうした多角的理解を深めるために、播磨広域連携協議会等と連携し、「姫路城の真実」と題して二〇一八年四月から十二月にかけて特別講座を開催しました。シンポジウムを含め、十回の連続講座となりましたが、本書は、この講義内容を一部修正、加筆して一冊にまとめたものです。特別講座を通して、姫路城の新しい姿や失われた姿、多角的な見方、総合的な理解の必要性が提示できたのではないかと考えています。ことに、破却された御本城内部の様子、三の丸広場の庭園構造など、これまで必ずしも明確に確認できなかった部分についても、CG化によってある程度復元に成功していますが、そのプロセス等について詳細な説明を聞くことができました。こうした新しい情報によって、姫路城にこれまでにない魅力が加わり、本書でその魅力が内外に発信されるなら、望外の喜びとするところです。ご多忙の中、特別講座への参加に快く応じて下さり、興味深い講義はもとより出版に当たっては原稿執筆の労まで取っていただいた先生方には、心からお礼申し上げます。

播磨学研究所では、一九八八（昭和六三）年以降、毎年、播磨に関するテーマを決め十回前後の公開講座を開催するとともに、その講義録を出版してきました。播磨学特別講義本は、これまでに二十五冊を数え、本書で二十六冊目となります。特別講座、出版事業に当たり、姫路市、姫路市文化国際交流財団、兵庫県立大学、播磨広域連携協議会、神戸新聞社の皆さんに心強いご支援をいただきました。あらためて感謝申し上げます。また、本書の出版にあたり、神戸新聞総合出版センターの皆さん、講義録の内容整理に当たっていただいた山本桂さんにも大変お世話になりました。ありがとうございました。

令和元年七月

播磨学研究所長
兵庫県立大学特任教授　中元孝迪

荒木 かおり　あらき かおり
1958 年生まれ。有限会社川面美術研究所代表取締役所長。
専門は文化財修復・復元。
修理経歴／二条城二の丸御殿障壁画復元模写（1980 〜）、熊本城本丸御殿若松之間障壁画制作（2003 〜 2008）、京都御所清涼殿襖絵復元模写（2017）ほか。

工藤 茂博　くどう しげひろ
1963 年生まれ。姫路市立城郭研究室学芸員。
専門は日本古代史（古代山城や城柵）。
著書・論文／「古代東北における山道・海道の地域について」（『文化史学』46、1990）、「近世城郭研究に関する覚書－姫路城諸曲輪の形成過程を例として－」（『文化史学』47、1991）、『讃岐城山城跡の研究』（共同執筆、古代山城研究会、1996）、「播磨国」（『国絵図の世界』柏書房、2005）、「近代初期における姫路城の存城について」（同志社大学考古学シリーズⅪ『森浩一先生に学ぶ』2015）ほか。

森　恒裕　もり ちかひろ
1965 年生まれ。姫路市教育委員会埋蔵文化財センター職員。
特別史跡姫路城跡Ａ地区（現・家老屋敷跡公園）、同Ｄ地区（現・イーグレひめじ）、桜門橋等の発掘調査および埋門、内京口門等の石垣修理を担当。
論文等／「淳心学院出土遺物の検討－16 世紀後半から 17 世紀初頭における姫路城下町の様相に関する予察－」（『城郭研究室年報』vol.1、1992）、「姫路城跡出土の茶道具について」（『関西近世考古学研究』14、2006）ほか。

小林 正治　こばやし まさはる
1962 年生まれ。姫路市都市局営繕課課長。
三重大学工学研究科修了後、建築職として姫路市役所入庁。1996 年から姫路城保存修理工事を担当、2005 年大天守保存修理調査工事に着手、2009 〜 2015 年の姫路城大天守保存修理工事に携わる。
著書・論文／『姫路城　平成の大修理』（共著、神戸新聞総合出版センター、2015）、「宗教施設のコミュニティ利用に関する研究」（『日本建築学会』1986）ほか。

久保 美智代　くぼ みちよ
旅する世界遺産研究家、日本イコモス国内委員会会員。
「世界遺産・姫路城の魅力」（『バンカル』2018 年秋号）、「世界遺産の中の姫路城」（同 2014 年冬号）、連載「久保美智代の世界遺産紀行」（『たびものがたり』2016 年初夏号〜冬号）、連載「世界遺産旅日記」（『旅 Cue』中国新聞社発行 2009 年 3 月号〜 12 月号）ほか、講演会やパネル展も多数開催。

ンにおける居住者の管理の質に対する評価」(『都市住宅学』第95号、2016)、「京都市の高経年マンションにおける管理組合の運営実態に関する研究」(『都市住宅学』第79号、2012)、『都心・まちなか・郊外の共生—京阪神大都市圏の将来』広原盛明、角野幸博、成田孝三、高田光雄編「第9章大阪都心における地域資源・地域活動との関わりと都心居住」(共著、晃洋書房、2010)ほか。

永野 康行　ながの やすゆき
1966年生まれ。兵庫県立大学大学院シミュレーション学研究科長・教授。
専門は、建築構造学・耐震工学。理化学研究所計算科学研究センター総合防災・減災研究チームで客員主管研究員を兼務する。2019年4月から兵庫県建築構造技術研究会の会長を務める。
著書／『災害に立ち向かう人づくり　減災社会構築と被災地復興の礎』「第7章　安心・安全なまちづくりのためのシミュレーションの果たす役割 －単一シミュレーションから統一シミュレーションへ－」(ミネルヴァ書房、2018)ほか。

西　　桂　にし かつら
1941年生まれ。日本庭園史家。田淵氏庭園整備委員会・旧益習館庭園調査検討委員会・名勝阿波国分寺庭園保存整備検討委員会をはじめ、兵庫県や他府県の歴史的・文化財庭園の調査や保存整備に従事。
著書／『兵庫の庭園』(同朋社出版、1987)、『兵庫県の日本庭園・歴史と美を訪ねて』(神戸新聞総合出版センター、2004)、『ひょうごの庭園〜図絵で読み解く〜』(同、2018)、『日本の庭園文化・歴史と意匠をたずねて』(学芸出版社、2005)、『山口県の庭園（山口県未指定文化財調査)』(共著、山口県教育委員会、1994)ほか。

多米 淑人　ため よしひと
1980年生まれ。福井工業大学工学部教授、FUT福井城郭研究所副所長。
専門は日本建築史。
著書／『丸岡城天守学術調査報告書』(共著、坂井市教育委員会、2019)、『今庄宿－伝統的建造物群保存対策調査報告書－』(共著、南越前町観光まちづくり課、2019)、『越前海岸の水仙畑　文化的景観保存調査報告書』(共著、福井県 福井市 越前町 南越前町、2019)、『北陸信越地方の歴史的建造物』(共著、日本建築学会北陸支部歴史意匠部会、2014)ほか。

朝日 美砂子　あさひ みさこ
1960年生まれ。名古屋市秀吉清正記念館学芸員。
専門は日本近世絵画史。
著書／『本丸御殿の至宝　重要文化財名古屋城障壁画』(共著、名古屋市、2008)、『美術史家　大いに笑う』(共著、ブリュッケ、2006)、『愛知県史　文化財2絵画』(共著、2011)ほか。

◎執筆者紹介（掲載順）

稲葉 信子　いなば のぶこ
1955年生まれ。筑波大学大学院教授。文化審議会第三専門調査会文化的景観委員会委員。日本遺産審査委員会委員。国際機関イクロム事務局長特別アドバイザー、国際NGOイコモス会員。
文化庁、独立行政法人東京文化財研究所を経て2008年から現職。日本が世界遺産条約を批准して以来、登録からモニタリングまで世界遺産条約の運営に関わるさまざまな仕事のほか、各国の世界遺産の保全のため国際協力事業に携わる。

萩原 さちこ　はぎわら さちこ
1976年生まれ。城郭ライター・編集者。公益財団法人日本城郭協会理事。
著書／『お城へ行こう！』（岩波書店、2014）、『江戸城の全貌 世界的巨大城郭の秘密』（さくら舎、2017）、『城の科学～個性豊かな天守の「超」技術～』（講談社、2017）『地形と立地から読み解く「戦国の城」』（マイナビ出版、2018）ほか。

中元 孝迪　なかもと たかみち
1940年生まれ。播磨学研究所所長。兵庫県立大学特任教授。元神戸新聞論説委員長。日本記者クラブ、日本ペンクラブ会員。
著作／『姫路城100ものがたり』（神戸新聞総合出版センター、2013）、『日本史を変えた播磨の力』（同、2009）、『姫路城 永遠の天守閣』（同、2001）、『コラムニストが見た阪神大震災』（同、1995）、『ひょうご全史－ふるさと7万年の旅』（上下巻、共著、同、2005～06）、『日本災害史』（共著、吉川弘文館、2006）ほか。

志賀 咲穂　しが さくほ
1946年生まれ。兵庫県立大学名誉教授。播磨学研究所副所長。
専門は建築計画、都市計画。
著書・論文／『環境と人間』（共著、西日本法規出版、1996）、『建築を志す人びとへ』（共著、学芸出版社、1997）、『兵庫のまちと建築』（共著、兵庫県建築士会、1992）、「イタリア：歴史的市街地の都市空間と景観　その1 トスカーナの広場」（姫路工業大学環境人間学部研究報告第1号、1999）、「城下町都市における歴史的資産活用と都市回遊－城下町姫路とイタリア歴史的市街地の比較研究を通して－」（兵庫県立大学環境人間学部研究報告第7号、2004）ほか。

安枝 英俊　やすえだ ひでとし
1973年生まれ。兵庫県立大学環境人間学部准教授。
専門は建築計画・まちづくり。
著著・論文／「定住プロセスにおける場の役割に関する研究－山口県周防大島を対象として－」（『都市住宅学』第99号、2017）、「管理水準の高いマンショ姫路城《ひめじじょう》の「真実《しんじつ》」

2019年8月30日　初版第1刷発行

編者———播磨学研究所
〒670-0092　姫路市新在家本町1-1-22
兵庫県立大学内　　TEL 079-296-1505
発行者——吉村一男
発行所——神戸新聞総合出版センター
〒650-0044　神戸市中央区東川崎町1-5-7
TEL 078-362-7140／FAX 078-361-7552
https://kobe-yomitai.jp/
装丁／神原宏一
印刷／神戸新聞総合印刷

落丁・乱丁本はお取り替えいたします

ISBN978-4-343-01049-0 C0021